W0375900

Unser großes Apfelkochbuch

Eckart Brandt
Judith Bernhard

Unser großes Apfelkochbuch

Koch- und Backrezepte,
Geschichten und Wissenswertes

Bassermann

Wissenswertes zu Beginn

Die Rezepte

Die Apfelportraits

Wissenswertes zum Nachlesen

Vorwort

Obst gehörte so selbstverständlich zu meinem Alltag als Kind wie das selbst gezogene Gemüse. Was nicht verkauft oder frisch verzehrt wurde, wurde verarbeitet, eingemacht, gedörrt oder versaftet. Der Geschmack dieser unverfälschten selbst erzeugten Lebensmittel liegt mir noch heute auf der Zunge, sie haben wohl meine Geschmacksempfindungen so nachhaltig geprägt, dass ich mich bis heute nicht gern mit „nachgemachten" Billig-Lebensmitteln abfertigen lasse.

Als ich mich 1983 mit einem gepachteten Obsthof selbständig machte, war klar, dass ich qualitativ hochwertiges Obst auf Basis ökologischen Anbaus erzeugen wollte. Bald erkannte ich, dass für mich diese Wirtschaftsweise am besten funktionierte, wenn ich sie mit alten robusten Sorten betrieb, die den ganzen Schnickschnack des modernen „Pflanzenschutzes" nicht nötig hatten.

In den jetzt schon über 25 Jahren der Beschäftigung mit alten Obstsorten entdeckte ich, was für eine nahezu unerschöpfliche Fülle von Aromen und Geschmacksnuancen in diesen alten Sorten stecken – neben der geradezu unendlichen Fülle verschiedener Formen und Farben. Was ich erst lernen musste: nicht jede Frucht ist eine großartige Tafelfrucht; manche Sorten entfalten ihre wahren Qualitäten erst in der Verarbeitung, also im Kochtopf, im Backofen oder nach spezielleren Verarbeitungsgängen. Hier sind sie dann auch unübertrefflich. Wer einmal probiert hat, eine würzige alte Apfelsorte durch einen faden modernen Supermarktapfel zu ersetzen, weiß wovon ich rede.

Ein Grund mehr, die alten Sorten nicht untergehen zu lassen; sie sind Garanten für die Vielfalt des Geschmacks.

Seit meine Frau Judith vor ein paar Jahren auf den Hof gezogen ist, haben sich ganz neue Möglichkeiten ergeben. Als gelernte Hauswirtschaftsleiterin weiß sie einfach besser mit Herd und Backofen umzugehen als ich oller Obstbauer.

So haben wir denn für dieses Buch unsere Kenntnisse und Fähigkeiten gebündelt, um Ihnen zu zeigen, was aus Obst alles werden kann und um Sie zu animieren, Ihren Speisezettel (mal wieder) mit dem einen oder anderen leckeren Obstgericht zu bereichern.

Wir wünschen Ihnen viel Spaß dabei.

Eckart Brandt und Judith Bernhard

Äpfel für die Küche

Natürlich kann man auch Tafeläpfel in der Küche verwenden. Allerdings nicht alle. Viele von ihnen, vor allem viele moderne Sorten, sind Äpfel, die man am besten nur als Frischobst verzehren sollte. Im Backofen und im Kochtopf sind sie langweilig und nichtssagend. Manche Tafeläpfel sind allerdings gleichzeitig auch hervorragende Verarbeitungs- oder Wirtschaftsäpfel wie z. B. der berühmte Gravensteiner, der Cox Orange oder die Goldparmäne.

Sie sind einem aber vielleicht (fast) zu schade für die Küche. Wenn man reichlich oder gar im Überfluss hat, kann man natürlich auch diese Sorten in den Topf oder in die Backröhre tun, zumal ja zumeist auch immer einige Früchte anfallen, die nicht optimal ausgebildet sind oder die eine Macke haben. Nun ist aber z. B. gerade der Gravensteiner als reichlich fauler Träger bekannt und man freut sich immer über jeden Apfel, den man überhaupt zu ernten bekommt. Und die schöne Goldparmäne alterniert zumeist heftig, d. h. sie trägt nur ordentlich in jedem zweiten Jahr. Hat man nur einen Baum dieser Sorte, wird man in einem Alternanzjahr kaum von den wenigen anfallenden Früchten noch etwas in der Küche verwenden wollen.

Da ist es dann gut, wenn man für die „häusliche Oeconomie“ (wie man im 19. Jahrhundert sagte), also zum Verarbeiten, noch seine eigenen Sorten hat. Diese „Wirtschaftsobstsorten“ erfreuten sich früher großer Wertschätzung, als in großen Familien die Lebensmittel möglichst selber hergestellt wurden und man sich im Rahmen einer umfassenden Vorratswirtschaft selbst sein Obst für die obstlose Jahreshälfte zur Seite stellte. Da wurde im großen Stil eingemacht, in Essig eingelegt, gedörrt, vermostet und gebrannt.

Diese Zeiten sind vorbei. Es gibt keine Großfamilien mehr, in denen flinke, jahrzehntelang geübte Großmütter zentnerweise Obst zerschnibbeln und einmachen, es gibt keine kühlen Vorratskeller mehr. Die Essgewohnheiten haben sich geändert: als Nachtisch gibt es heute ein Eis aus der Tiefkühltruhe und kein Kompott aus dem Weckglas. Und doch sollten wir noch einmal genau hinschauen, bevor wir diese alten Sorten sozusagen auf den Abfallhaufen der Obstgeschichte befördern. Die besten dieser Wirtschaftssorten sind keineswegs „Obst zweiter Wahl“. Viele dieser Sorten entfalten ihre wahren Qualitäten erst in der Verarbeitung. Erst wenn man sie sozusagen ihrer „wahren Bestimmung“ zuführt, kommen ihre großartigen Qualitäten zum Vorschein. Erst dann zeigt sich, dass sie den konkurrierenden Tafeläpfeln durchaus überlegen sein können, wenn sie auf ihrem idealen Feld zum Einsatz kommen.

Dieses Buch möchte Sie anregen, sich einmal mit diesem oft vernachlässigten Aspekt des Obstgenusses zu beschäftigen. Wir haben für Sie eine Auswahl unserer besten Apfelrezepte zusammengestellt und wir möchten Ihnen die eigentlichen Helden dieses Buches, die ausgewählten alten Apfelsorten, in kleinen Porträts näherbringen.

Die Mitwirkenden

Ausbacher Roter (Seite 34) – der Star aus der Rhön
Borsdorfer (Seite 36), Edelborsdorfer, Maschansker – auf der Spur unseres berühmtesten und ältesten Küchenklassikers
Boskoop (Seite 38) – ein Klassiker der Küchenäpfel
Freiherr von Berlepsch (Seite 40) – adelige Würze vom Niederrhein

Gelber Richard (Seite 74) – ein Mecklenburger, edel aromatisch und leicht mürbe
Gewürzluiken (Seite 76) – der Schwarm der Schwaben
Graue Renetten (Seite 78) – nicht besonders schön, aber besonders lecker
Herzog von Cumberland (Seite 80) – ein Herzog aus Hannoverland

Hilde (Seite 94) – der unverwüstlich langlebige Apfel des Dr. Griemsmann
Holsteiner Cox (Seite 96) – Johannes Vahldieks Verbesserung des Cox Orange
Jakob Lebel (Seite 98) – ein bestens assimilierter Franzose für alle schwierigen deutschen Standorte
Kaiser Wilhelm (Seite 100) – die grandiose Marketingidee des Lehrers Hesselmann aus Witzhelden bei Solingen

Klarapfel (Seite 116) – ... jeder einzelne Apfel hat eine Stunde, da ist er in seinem Optimum ..."
Prinz Albrecht von Preußen (Seite 118) und der Kriwitzer Lachapfel
Rote Sternrenette (Seite 120) – Weihnachtsapfel und Äppelwoi-Star
Roter Eiserapfel (Seite 122) – ein ganz alter Krieger

Ausführliche Geschichten zu dem jeweiligen Apfel finden Sie auf der jeweils nach dem Namen aufgeführte Seite. Und in der Apfeltabelle auf Seite 124 finden Sie noch weitere empfehlenswerte Apfelsorten mit einem Überblick zum Geschmack und zur Verwendung.

Suppen, Vorspeisen, Salate

Die Rezepte sind für 4 Personen berechnet.

Apfel-Möhren-Suppe

10 g (1 EL) Butter
½ TL mildes Currypulver
500 g Möhren, *in Scheiben schneiden*
300 g Äpfel (Klarapfel), *in Stücke schneiden*
400 ml Gemüsebrühe
Salz, Pfeffer aus der Mühle, Zucker

Die Butter in einer Pfanne bei mittlerer Hitze zerlassen. Das Currypulver darin unter Rühren 1 bis 2 Minuten anrösten bis es duftet. Möhren- und Apfelstücke zugeben, kurz mitdünsten.

Die Gemüsebrühe zugießen, aufkochen lassen und 15 Minuten sanft köcheln lassen. Dann pürieren und mit Salz, Pfeffer und Zucker abschmecken. *(Foto rechts)*

Apfelsuppe mit Curry

400 ml Gemüsebrühe
700 g Äpfel (Klarapfel), *in Stücke schneiden*
Salz, Pfeffer aus der Mühle, Zucker
mildes Currypulver

Die Gemüsebrühe in einem großen Topf zum Kochen bringen. Die Apfelstücke hinzufügen und 10 Minuten köcheln lassen.

Die Suppe pürieren und mit Salz, Pfeffer, Zucker und Currypulver abschmecken.

Zwiebelsuppe

2 EL Butter
700 g Zwiebeln, *in dünne Ringe schneiden*
125 ml Apfelwein
500 g Äpfel (Holsteiner Cox), *in Stücke schneiden*
1 l Rinderbrühe
Salz, Pfeffer aus der Mühle
frisch geriebener Käse

Die Butter in einem Topf zerlassen, die Zwiebelringe darin andünsten bis sie glasig bräunlich sind. Mit Apfelwein ablöschen und bei kleiner Hitze offen etwas einkochen lassen.

Die Apfelstücke zufügen, kurz mitdünsten. Brühe zugießen und alles bei schwacher Hitze 15 Minuten köcheln lassen. Mit Salz und Pfeffer abschmecken.

Backofen auf 250 °C (Umluft 230 °C) vorheizen. Die Suppe in feuerfeste Schalen oder Suppentassen füllen, mit dem Käse bestreuen und etwa 8 Minuten überbacken.

Porreesuppe

2 EL Öl
600 g Porree, *in dünne Ringe schneiden*
400 g Kartoffeln, *in Würfel schneiden*
300 g Äpfel (Holsteiner Cox), *in Stücke schneiden*
125 ml Apfelwein
1 l Gemüsebrühe
frisch geriebene Muskatnuss
Salz, Pfeffer aus der Mühle, Zucker
1 Eigelb

Das Öl in einer Pfanne erhitzen und die Porreeringe darin anbraten. Kartoffelwürfel und Apfelstücke hinzufügen und kurz mitbraten. Mit Apfelwein ablöschen. Die Brühe zugießen und kurz aufkochen lassen. Bei schwacher Hitze alles 20 Minuten köcheln lassen.

Den Topf vom Herd nehmen und alles pürieren. Die Suppe mit Muskat, Salz, Pfeffer und Zucker abschmecken.

Das Eigelb in einer Tasse verschlagen. Nach und nach 3 bis 4 EL heiße, aber nicht mehr kochende Suppe unterrühren, bis das Eigelb gut gebunden ist. Die Legierung in die Suppe einrühren. Die Suppe darf nicht mehr kochen, da das Eigelb sonst gerinnt.

Kartoffelsuppe

400 g durchwachsenen Speck, *fein würfeln*
4 Zwiebeln, *fein hacken*
1 kg Kartoffeln, *grob würfeln*
300 g Porree, *in feine Ringe schneiden*
500 g Möhren, *fein würfeln*
1 l Gemüsebrühe
500 g Äpfel (Boskoop), *würfeln*
Salz, Pfeffer aus der Mühle

In einer Pfanne den Speck bei mittlerer Hitze auslassen, die Zwiebeln darin leicht anbräunen. Kartoffeln, Porree und Möhren zugeben. Unter Rühren kurz mitbraten.

Die Brühe zugießen und aufkochen lassen, dann Hitze reduzieren. Nach 15 Minuten die Apfelwürfel dazugeben und weitere 10 Minuten sanft köcheln lassen. Mit Salz und Pfeffer kräftig abschmecken. *(Foto rechts)*

Maronensuppe

2 EL Öl
1 rote Zwiebel, *fein würfeln*
2 Knoblauchzehen, *fein würfeln*
100 g Putenbrust, *würfeln*
300 g gegarte Maronen (vakuumverpackt)
100 g Staudensellerie, *in feine Ringe schneiden*
100 g Karotten, *in feine Scheiben schneiden*
50 g braune Champignons, *klein schneiden*
200 g Äpfel (Berlepsch), *in Stücke schneiden*
2 Zweige frischer Thymian
125 ml Apfelwein
800 ml Gemüsebrühe
Salz, Pfeffer aus der Mühle

Das Öl in einer Pfanne erhitzen, Zwiebel und Knoblauch darin dünsten. Das Fleisch hinzugeben und von allen Seiten anbraten.

Maronen, Sellerie, Karotten, Champignons, Äpfel und Thymianzweige hinzufügen und unter Rühren andünsten. Mit Apfelwein ablöschen. Die Brühe zugießen und alles bei mittlerer Hitze 20 Minuten köcheln lassen.

Den Topf vom Herd nehmen, Thymianzweige entfernen und die Suppe pürieren. Mit Salz und Pfeffer abschmecken. *(Foto rechts)*

Tomatensuppe

2 EL Olivenöl
1 kg Tomaten, *grob würfeln*
500 g Äpfel (Klarapfel), *in Stücke schneiden*
1 l Gemüsebrühe
100 ml Apfelwein
Salz, Pfeffer aus der Mühle
frisches Basilikum

Olivenöl in einem großen Topf erhitzen. Tomaten- und Apfelstücke darin andünsten. Brühe und Apfelwein zugießen und bei kleiner Hitze 20 Minuten köcheln lassen.

Die Suppe durch ein Sieb passieren und mit Salz und Pfeffer würzen. Mit Basilikumblättchen servieren.

Schnelle Gemüsesuppe

2 EL Öl
2 Zwiebeln, *fein würfeln*
1 Kohlrabi, *fein würfeln*
2 Möhren, *fein würfeln*
½ kleiner Blumenkohl, *in Röschen teilen*
2 Äpfel (Gewürzluiken), *würfeln*
100 ml Apfelwein
1 l Gemüsebrühe
Salz
Pfeffer aus der Mühle

Öl in einem großen Topf erhitzen und die Zwiebeln darin glasig andünsten. Kohlrabi, Möhren, Blumenkohl und Apfelwürfel hinzufügen und unter Rühren mitbraten.

Mit Apfelwein ablöschen. Die Brühe zugießen, aufkochen und alles bei schwacher Hitze 25 Minuten kochen lassen. Mit Salz und Pfeffer abschmecken. *(Foto rechts)*

Linsensuppe

200 g durchwachsener Speck, *in feine Würfel schneiden*
2 Zwiebeln, *fein würfeln*
1 Bund Suppengrün, *fein würfeln*
300 g braune Linsen
1 l Gemüsebrühe
250 g Äpfel (Boskoop), *würfeln*
Salz
Pfeffer aus der Mühle
Zucker
edelsüßes Paprikapulver
1–2 EL Kräuteressig

In einer Pfanne den Speck bei mittlerer Hitze auslassen, die Zwiebeln dazugeben und leicht anbräunen. Suppengrün sowie Linsen hinzugeben, kurz mitdünsten. Die Brühe zugießen und aufkochen lassen, dann Hitze reduzieren.

Nach 15 Minuten die Apfelstücke hinzugeben, weitere 15 Minuten sanft köcheln lassen. Mit Salz, Pfeffer, Zucker, Paprikapulver und Kräuteressig süßsauer abschmecken.

Apfel-Thunfisch-Auflauf

2 Eier Größe M
2 EL Milch
2 EL Mehl
2 EL Öl
4 Äpfel (Berlepsch),
in ½ cm breite Scheiben schneiden
1 rote Zwiebel, *fein würfeln*
100 g Champignons, *in Scheiben schneiden*
Petersilie, *fein schneiden*

1 Dose Thunfisch (150 g Abtropfgewicht),
abgetropfen und zerkleinern
100 g (½ Becher) saure Sahne
Salz
Pfeffer aus der Mühle
100 g frisch geriebener Käse (z. B. Gouda)

Auflaufform
Fett für die Form

Eier und Milch gut verrühren. Mehl und Salz unterrühren. In einer Pfanne 1 EL Öl erhitzen. Die Apfelscheiben in der Eimasse wenden und nacheinander von beiden Seiten goldgelb braten. Herausnehmen und warm halten. Übriges Öl erhitzen, Zwiebelwürfel und Champignons darin anbraten. Petersilie, Thunfisch und saure Sahne untermengen. Mit Salz und Pfeffer würzen.

Den Backofen auf 170 °C (Umluft 150 °C) vorheizen. Die Auflaufform einfetten. Apfelscheiben, geriebenen Käse und Thunfischmasse lagenweise in die Form einschichten. Mit Apfelscheiben und etwas geriebenem Käse abschließen, 10 Minuten überbacken. *(Foto rechts unten)*

Apfel-Tomaten-Bruschetta

2 Tomaten, *fein würfeln*
2 Schalotten, *fein würfeln*
1 Apfel (Herzog von Cumberland), *fein würfeln*
1 EL Olivenöl

Oregano
Salz
schwarzer Pfeffer aus der Mühle
1 Ciabatta, *in Scheiben schneiden*

Tomaten, Schalotten und Apfel in eine Schüssel geben. Olivenöl und Oregano zugeben. Alles gut mischen und mit Salz und Pfeffer würzen. Das Ciabatta im Toaster oder im Backofen rösten. Die Apfel-Tomaten-Mischung auf den Scheiben verteilen.

Apfel im Speckmantel

1 Apfel (Berlepsch), *vierteln*
200 g Frühstücksspeck (Bacon)

1 EL Öl

Die Apfelviertel jeweils in drei Stücke schneiden. Jedes Stück mit 1 Scheibe Speck umwickeln. Das Öl in einer Pfanne erhitzen. Die umwickelten Apfelschnitze mit der Nahtstelle nach unten in die heiße Pfanne geben und von allen Seiten kross anbraten. *(Foto rechts oben)*

Gefüllte Tomaten

4 Fleischtomaten
1 Zwiebel, *fein hacken*
25 g geräucherter Schinken, *würfeln*
1 Apfel (Berlepsch), *fein würfeln*
Salz, Pfeffer aus der Mühle
Oregano

4 Eier Größe M
1 Kugel Mozzarella, *fein würfeln*
4 TL Butter

flache Auflaufform
Fett für die Form

Die Tomaten waschen und jeweils einen Deckel abschneiden. Kerne und Fruchtfleisch mit einem Löffel herauslösen. Tomatendeckel und Fruchtfleisch pürieren, beiseite stellen.

Zwiebel-, Schinken- und Apfelwürfel mischen. Die Tomaten innen salzen, pfeffern und mit Oregano ausstreuen. Bis zur Hälfte mit der Apfel-Schinken-Mischung füllen. In jede Tomate ein aufgeschlagenes Ei gleiten lassen, leicht salzen und mit Mozzarella belegen. Je 1 TL Butter daraufsetzen.

Den Backofen auf 180 °C (Umluft 160 °C) vorheizen. Die Auflaufform einfetten, Tomaten hineinsetzen und 12 bis 15 Minuten garen bis die Eier gestockt sind. *(Foto rechts)*

Sellerie-Apfel-Scheiben

1 kleiner Knollensellerie
1 großer Apfel (Gewürzluiken),
Kerngehäuse ausstechen, in Scheiben schneiden

200 g Gouda, *in Scheiben schneiden*

Die Sellerieknolle ungeschält in einen Topf geben und vollständig mit Wasser bedecken. Zum Kochen bringen und etwa 20 Minuten köcheln lassen. Der Sellerie ist gar, wenn er sich mit der Spitze eines Küchenmessers leicht einstechen lässt. Herausnehmen, kurz abkühlen lassen und schälen.

Den Backofen auf 160 °C (Umluft 140 °C) vorheizen. Sellerie quer in 1,5 cm dicke Scheiben schneiden und nebeneinander auf ein gefettetes Backblech legen. Auf jede Sellerieschеibe 1 Apfelscheibe legen, mit je 1 Scheibe Käse abschließen und etwa 15 bis 20 Minuten backen. Wer mag, kann zwischen Sellerie und Apfel noch zwei Scheiben gebratenen Frühstücksspeck legen.

Gerolltes Omelett

4 Eier Größe M
200 g Crème fraîche
Salz, Pfeffer aus der Mühle
Schnittlauch, *in feine Röllchen schneiden*
1 EL Öl
2 EL Zitronensaft
200 g gekochter Schinken, *in Streifen schneiden*
2 Äpfel (Roter Eiserapfel), *sehr fein würfeln*

Die Eier mit 50 g Crème fraîche und etwas Salz und Pfeffer in einer kleinen Schüssel verquirlen. Schnittlauch unterrühren, einen Rest zurückbehalten. Das Öl in einer Pfanne erhitzen und nacheinander 4 Omeletts bei schwacher Hitze darin stocken lassen. Herausnehmen bevor die Oberseite trocken wird, abkühlen lassen. Auf jedes Omelett etwas Schinken legen.

Übrige Crème fraîche mit Zitronensaft, Schnittlauch, Salz und Pfeffer verrühren. Apfel auf den Omeletts verteilen, die Sauce darüber geben. Omeletts fest aufrollen und in Frischhaltefolie wickeln. Bis zum Verzehr im Kühlschrank aufbewahren. *(Foto rechts)*

Apfeltoast

1 Ei Größe M
2 EL Milch
1 EL Mehl
Salz, schwarzer Pfeffer aus der Mühle
1 EL Olivenöl
2 Äpfel (Herzog von Cumberland), *in Scheiben schneiden*
2 Tomaten, *in Scheiben schneiden*
4 Scheiben Toastbrot
4 Scheiben Gouda

Ei, Milch, Mehl, Salz und Pfeffer verquirlen. Das Öl in einer Pfanne erhitzen. Die Apfelscheiben in der Eimasse wenden, abtropfen lassen und im heißen Öl von beiden Seiten goldgelb anbraten.

Den Backofen auf 220 °C (Umluft 200 °C) vorheizen. Toastbrot auf beiden Seiten toasten und nebeneinander auf ein Backblech legen. Mit Apfel, Tomate und Käse belegen und 10 bis 15 Minuten goldbraun überbacken. Mit Pfeffer bestreut servieren.

Apfelsalat mit Pute und Käse

FÜR DEN SALAT
400 g Gouda, *würfeln*
300 g gegarte Putenbrust, *würfeln*
1 Apfel (Gelber Richard), *fein würfeln*
1 Paprikaschote, *fein würfeln*
1 Stange Porree, *in feine Ringe schneiden*

FÜR DIE SALATSOSSE
50 ml (5 EL) Apfelessig
Salz, Pfeffer aus der Mühle
Zucker
5 EL Olivenöl
50 g Sonnenblumenkerne

Alle Salatzutaten in einer großen Schüssel mischen. Apfelessig mit Salz, Pfeffer und Zucker verrühren. Das Öl gründlich unter die Salatsoße schlagen. Salat mit der Soße mischen und mit Sonnenblumenkernen bestreut servieren.

Rucola mit Apfel

FÜR DEN SALAT
30 g Pinienkerne
125 g Rucola, *in mundgerechte Stücke schneiden*
200 g Cocktailtomaten, *halbieren oder vierteln*
1 Apfel (Berlepsch), *in feine Spalten schneiden*
60 g Gouda, *hobeln*

FÜR DIE SALATSOSSE
3 EL Apfelessig
Salz, Pfeffer aus der Mühle
½ TL Honig
5 EL Olivenöl

Die Pinienkerne in einer Pfanne ohne Fett rösten. Auf einen Teller geben und abkühlen lassen.

Rucola, Tomaten und Apfel mischen. Den Apfelessig mit Salz, Pfeffer und Honig verrühren. Das Öl kräftig darunterschlagen und über den Salat träufeln, mit Käse und Pinienkernen bestreut servieren. *(Foto rechts)*

Apfelvesper

4 kleine Tomaten, *vierteln*
1 Zwiebel, *in feine Ringe schneiden*
1 kleine saure Gurke (ca. 30 g), *fein würfeln*
1 kleine scharfe Peperoni, *entkernen und fein würfeln (ersatzweise getrocknete Peperoni oder Cayennepfeffer)*
3 Stängel frischer Oregano, *Blättchen abzupfen*
1 Apfel (Gelber Richard), *in feine Spalten schneiden*
1–2 EL Olivenöl

Alle Zutaten in einer großen Schüssel mischen. Olivenöl hinzufügen und mit Salz würzen. Vor dem Servieren 60 Minuten durchziehen lassen.

Eiersalat mit Äpfeln

FÜR DEN SALAT
6 Eier, *hart kochen, würfeln*
1 kleine Dose Mandarinen,
abtropfen lassen, Saft auffangen
1 Apfel (Gelber Richard), *würfeln*
500 g Chicorée, *in Streifen schneiden*
2 EL ungesalzene Erdnusskerne, *grob würfeln*

FÜR DIE SALATSOSSE
200 g saure Sahne
150 g Crème Fraîche
Mandarinensaft
Salz
Pfeffer aus der Mühle
mildes Currypulver

Saure Sahne, Crème Fraîche und Mandarinensaft verrühren. Mit Salz, Pfeffer und Currypulver abschmecken. Chicorée und Apfelwürfel mischen. Mandarinen und Erdnusskerne daraufverteilen und die Soße darüberträufeln. *(Foto rechts)*

Holsteiner Nudelsalat

FÜR DEN SALAT
4 Stangen Staudensellerie,
in feine Scheiben schneiden
2 Äpfel (Holsteiner Cox), *fein würfeln*
2 rote Zwiebeln, *fein würfeln*
250 g Cocktailtomaten, *halbieren oder vierteln*
300 g gekochte Nudeln

FÜR DIE SALATSOSSE
3 gehäufte TL grünes Pesto
5 EL Olivenöl
2 EL Zitronensaft
2 Knoblauchzehen, *fein würfeln*
Salz
Pfeffer aus der Mühle

Sellerie, Apfel und Zwiebeln in einer großen Schüssel mischen. Cocktailtomaten und gekochte Nudeln vorsichtig unterheben. Pesto mit Olivenöl, Zitronensaft und dem Knoblauch verrühren. Mit Salz und Pfeffer würzen. Zum Salat geben und alles gut vermengen. Vor dem Servieren etwa 1 Stunde durchziehen lassen.

Fenchelsalat

FÜR DEN SALAT
2 Äpfel (Gelber Richard), *fein würfeln*
1 Fenchelknolle, *fein würfeln*
1 Paprikaschote, *fein würfeln*

FÜR DIE SALATSOSSE
Saft einer Zitrone
1 EL Apfelsaft
1 El flüssiger Honig
1 El Olivenöl
1 Knoblauchzehe, *fein würfeln*
Kräutersalz, Pfeffer aus der Mühle

Die Salatzutaten in eine Schüssel geben. Zitronen- und Apfelsaft mit dem Honig verrühren. Das Olivenöl kräftig unterschlagen, Knoblauch unterrühren und die Soße mit Kräutersalz und Pfeffer würzen, zum Salat geben und alles gründlich miteinander vermengen. Den Salat vor dem Servieren etwa 30 Minuten durchziehen lassen. *(Foto rechts oben)*

Mozzarella-Rucola-Salat

50 g Kern-Mischung für Salat
(Sonnenblumen-, Kürbis-, Pinienkerne)
3 EL Zucker
5 EL Balsamico
1–2 getrocknete Chilischoten, *fein zerkleinern*

150 g Rucola
3 Äpfel (Holsteiner Cox),
in feine Spalten schneiden
3 Kugeln Mozzarella,
trocken tupfen und in Scheiben schneiden

Die Kerne grob hacken und in einer Pfanne ohne Fett hellbraun rösten, herausnehmen und abkühlen lassen.

Den Zucker in einer Pfanne bei mittlerer Hitze hellbraun karamellisieren lassen. 100 ml Wasser, 4 EL Balsamico und die Chilischote zugeben. Alles bei kleiner Hitze zum Kochen bringen und zu Sirup einkochen lassen, abkühlen.

Rucola und Apfelspalten auf einer Platte verteilen. Mozzarella darüberverteilen. Die Kerne unter den abgekühlten Sirup rühren. Kurz vor dem Servieren über den Mozzarella träufeln.
(Foto rechts unten)

Norddeutscher Rote-Beete-Salat mit Kümmel

FÜR DEN SALAT
300 g Rote Beete Knollen
½ TL Kümmelsamen
200 g Äpfel (Holsteiner Cox), *würfeln*
1 Zitrone, *schälen, längs halbieren und in dünne Scheiben schneiden*
40 g Zwiebel, *fein würfeln*

FÜR DIE SALATSOSSE
3 EL Apfelessig
5 EL Olivenö
Salz
frisch gemahlener Pfeffer

Die Rote Beete waschen und ungeschält in Salzwasser mit den Kümmelsamen 50 bis 60 Minuten garen. Abgießen, etwas abkühlen lassen, schälen und in dünne Scheiben schneiden.

Apfelessig und Olivenöl gut verrühren. Die Soße mit Salz und Pfeffer würzen. Apfel, Zitrone, Rote-Beete und Zwiebel in eine große Schüssel geben. Die Soße darüberträufeln und alles miteinander vermengen.

Lauwarmer Gemüsesalat

FÜR DEN SALAT
300 g frische Saubohnenkerne (dicke Bohnen), ersatzweise TK
30 g Haselnüsse, *grob hacken*
100 ml Gemüsebrühe
350 g (1 Knolle) Kohlrabi, *in Stifte schneiden*
250 g Äpfel (Boskoop), *fein würfeln*
350 g Zuckerschoten
2 Frühlingszwiebeln, *in feine Ringe schneiden*

FÜR DIE SALATSOSSE
2 EL Magerquark
1 TL Senf
1 EL Zitronensaft
Salz
Pfeffer aus der Mühle
je 3 Stängel Petersilie, Thymian und Oregano, *fein hacken*

Die Saubohnen in wenig gesalzenem Wasser etwa 35 Minuten kochen. Abgießen und abtropfen lassen. Die Haselnüsse ohne Fett in einer Pfanne goldbraun rösten. Herausnehmen und abkühlen lassen.

Die Gemüsebrühe in einem Topf erhitzen. Kohlrabi, Apfel und Zuckerschoten 25 Minuten darin bissfest garen, abgießen und abtropfen lassen, Gemüsebrühe dabei auffangen.

Für die Soße Quark mit Senf und Zitronensaft glatt rühren, salzen und pfeffern. Kräuter unterrühren, mit der Gemüsebrühe verfeinern. Das gegarte Gemüse zugeben und mit der Soße gut vermengen. Den Salat mit gerösteten Haselnüssen und Frühlingszwiebeln bestreuen.

Goldrenette
Freiherr von
Berlepsch.

Ausbacher Roter – der Star aus der Rhön

Ich bin am Rande der Lüneburger Heide aufgewachsen. Der höchste Berg meiner Kindheit war der Wilseder Berg (169 m), die größte Erhebung der Heide. Oben auf seinem Gipfel stand ein aufgerichteter Findling mit einer spitz nach oben zulaufenden metallenen Kappe. Pfeile in alle Himmelsrichtungen zeigten an, wie weit man von anderen zentralen Orten entfernt war z. B. von London, Paris oder Kaliningrad (früher Königsberg). Man hatte einen schönen Ausblick von dort oben, auch wenn man die angegebenen Orte am Horizont nicht erspähen konnte, selbst bei klarem Wetter nicht. Daran muss ich oft denken, wenn ich durch die Rhön fahre. Hat man die paar lästigen Steigungen erst einmal hinter sich gebracht, öffnet sich in der Höhe die Landschaft zu einer offenen, leicht hügeligen Weite. Rinder- und Schafweiden, unterbrochen von kargen Heideflächen mit einzeln stehenden Wacholdern, ja selbst Moore gibt es hier gelegentlich in 700 bis 800 m Höhe. Als Kind der Lüneburger Heide kann man sich in diesen „offenen Fernen" geradezu zu Hause fühlen.

Im Norden der hessischen Rhön, in der „Kuppenrhön" liegt in der Gemeinde Hohenroda der Ort Ausbach, nach dem der Ausbacher Rote oder Ausbacher Rotapfel benannt ist. Woher er ursprünglich stammt, weiß niemand mehr genau, vielleicht aus dem Schlossgarten des nahen Philippsthal. Um 1870 wurde er zum ersten Mal als Sorte in Ausbach beschrieben. 1933 fand er als letzte Apfelsorte Eingang in das große pomologische Sortenwerk „Deutschlands Obstsorten". Um 1940 wurden etwa 200 Bäume im Landkreis Kassel gepflanzt.

Danach wurde es ruhig um den Ausbacher. Vielleicht wäre er – wie so viele andere alte Sorten – endgültig aus der Landschaft verschwunden, wenn nicht so herrlich stur-bodenständige Leute wie Albert Deiß aus Hohenroda und seine Freunde vom „Apfelstammtisch" darauf beharrt hätten, dass dieses Stück Rhöner Kulturgut nicht untergehen dürfe. Sie haben dafür gesorgt, dass der Ausbacher Rote wieder in das Programm regionaler Baumschulen aufgenommen wurde und Hunderte von Bäumen wieder neu gepflanzt wurden.

Was ist das nun für ein Apfel? Der Baum ist sehr vital und baut starke Kronen mit dunkelgrünem, gesundem Laub. Dafür nimmt er sich Zeit, erst mit 10 bis 15 Jahren kommt er richtig in Ertrag. Danach trägt er gut und viel, wenn auch nicht jedes Jahr, sondern ein Jahr ums andere. Der Apfel ist zunächst sehr hart und sauer, erst ab Januar kann man ihn als Essapfel brauchen. „Aber eigentlich ist er kein wirklicher Tafelapfel", befindet Albert Deiß. Das ist ja schon mal schlecht für ihn. Moderne Apfelesser, ja selbst Pomologen, die es eigentlich besser wissen müssten, beurteilen den Wert eines Apfels eigentlich nur noch nach seinen Tafelapfelqualitäten. Aber auf anderen Gebieten kann der Ausbacher Rote sehr wohl punkten. Die schöne feste rote Frucht hält sich ohne künstlichen Kühlaufwand bis in den Sommer hinein. In Ausbach wurde er früher schon als langlebiger Back- und Musapfel geschätzt. Die ortsansässige Kelterei verarbeitete die Früchte in der häuslichen Apfelweinbereitung. Doch schon bald nach dem zweiten Weltkrieg schloss die kleine Ausbacher Kelterei, der Betrieb wollte sich nicht mehr lohnen.

Jahrzehntelang blieb Ausbach ohne Kelterei. Zwar fehlte jetzt etwas im Bewusstsein des Ortes, aber es dauerte bis 1995, bis sich aus dem heimischen Apfelstammtisch heraus 14 Leute zusammentaten und eine neue Kelterei eröffneten, die sie „Ausbacher Roter" nannten. Das Interesse der Umgebung war groß, und bald musste man mit größeren und effektiveren Maschinen in neue Räumlichkeiten umziehen. Heute wird die Kelterei von fünf Gesellschaftern als Saisonbetrieb im Nebenerwerb mit Teilzeitkräften betrieben. Man arbeitet nach altem handwerklichen Verfahren mit einer Packpresse und stellt Rohsaft zur Apfelweinbereitung, pasteurisierten naturtrüben Apfelsaft aus Rhöner Streuobstbeständen und Apfelwein her und lässt aus selbst hergestellter Maische einen sortenreinen Edelbrand vom Ausbacher Roten brennen.

So kann man's also machen: aus einer untergangsbedrohten alten Wirtschaftsapfelsorte werden durch sorgsame handwerkliche Verarbeitung Spitzenprodukte hergestellt, die auch überregional anerkannt und prämiert werden. Das ist gut für das Selbstbewusstsein der Beteiligten und das Ansehen der Region.

Borsdorfer – auf den Spuren unseres berühmtesten und ältesten Küchenklassikers

Synomyme: Edelborsdorfer, Maschansker

„Dieser Stolz der Deutschen wird jetzt, seitdem wir so viel deutsches Phlegma verlohren und auch säen und zugleich erndten wollen, nicht mehr so häufig angezogen wie ehedem ... Das Geschrei ist allgemein: „wer den Borstorfer pflanzt, den bezahlt er nicht". Seine Tragbarkeit kommt spät, in gutem Boden erst nach 16 bis 20 Jahren ..." (August Friedrich Adrian Diel, 1800).

100 Jahre später heißt es in „Deutschlands Obstsorten": „Überall in Bauerngärten war (er) zu finden und nicht nur für den eigenen Haushalt beliebt, sondern auch auf den Märkten bekannt und gern gekauft. Heute geht der Anbau zurück. ... Er ist unmodern geworden. Er hat aber unbestreitbare Werte. Er ist für den Obsthandel zu kleinfrüchtig. Die Tragbarkeit setzt für den Obstzüchter viel zu spät ein."

Das späte Einsetzen der Fruchtbarkeit wurde früher jedoch meist nicht als großes Problem gesehen. Auf den Bauernhöfen, auf denen diese Sorte meistens zu finden war, ging das Leben sinnig seinen Gang, Generation folgte auf Generation und der Großvater pflanzte Hochstammbäume, die der Enkel einst ernten würde. Sorten, die spät in Ertrag kamen, hatten zum Ausgleich dafür meist eine längere Lebensdauer, „die Summe des Lebens war immer gleich". Müssen denn nun diese „Bummelanten-Sorten" aus dem Anbau verschwinden? Nicht unbedingt, es gibt ja auch Tricks, den Ertragsbeginn vorzuverlegen. Der Boskoop zum Beispiel lässt sich mit dem Ertragsbeginn als Hochstammbaum auch etwa 10 Jahre Zeit, trotzdem ist er auch im Plantagenobstbau immer noch vertreten, gepflanzt aber als schwachwüchsiger Spindelbaum, der schon nach 2 bis 3 Jahren zu tragen beginnt.

Unsere Obstbäume stehen ja alle nicht auf eigenen Füßen. Da man sie nicht sortenecht aus Kernen ziehen kann, müssen sie alle veredelt werden. Baumschulen pfropfen Reiser der gewünschten Sorten auf kleine bewurzelte Stämmchen („Unterlagen"). Diese Unterlagen sind standardisiert in ihrer Wuchsstärke und bestimmen die Vitalität und das Wachstum der aufveredelten Sorte. So kann man Boskoop, auf schwachwüchsige Unterlage veredelt, auch auf 1,5 m Abstand in der Apfelplantage bändigen.

Unser Problem mit dem Borsdorfer heute ist allerdings, dass wir gar nicht hundertprozentig wissen, was denn nun der wahre Borsdorfer ist. Die Sorte ist die älteste in Deutschland bekannte Apfelsorte überhaupt – schon um 1175 wird sie in einem Zisterzienserkloster in der Nähe von Meißen erwähnt. Aber ist der heute noch in Bayern und Österreich vorkommende Maschansker, benannt nach dem tschechischen Wort für Meißen, eindeutig identisch mit dem Borsdorfer des Mittelalters?

Über 800 Jahre sind eine lange Zeit. Da kann manches verwechselt und vertauscht worden sein. Es können Tochter- und Enkelsorten entstanden sein, die man später für die Originale hielt. Einige Pomologen zweifeln die Identität von Borsdorfern und Maschansker weiterhin an und weisen auf Eigenschaften hin, in denen die heutigen Maschansker nicht mit den alten Beschreibungen der Borsdorfer überein zu stimmen scheinen. In Sachsen-Anhalt z. B. hat der Altmärker Pomologe Reinhard Heller einen Winterborsdorfer gefunden, der nachweislich auf einen vor 150 Jahren gepflanzten Baum zurückgeht und nicht identisch mit dem Maschansker ist. Heller meint, vielleicht gibt es nach über 800 Jahren gar keine einheitliche Sorte Borsdorfer mehr, vielleicht haben sich in ihrem großen Verbreitungsgebiet mit der Zeit Varianten des Originals durchgesetzt, vielleicht haben hier und da obstbauliche Laien gemeint, die Sorte durch Kernaussaaten vermehren zu können und lauter leicht verschiedenartige „Borsdorferkinder“ erhalten.

Diel kennt um 1800 einen Herbst- und einen Winterborsdorfer, die sich zwar weitgehend ähneln, die sich aber 3 Monaten in ihrem Reifezeitpunkt unterscheiden. 60 Jahre später erklärt das „Illustrirte Handbuch der Obstkunde“ es gebe nur einen wahren (Winter-)Borsdorfer.

Wahrscheinlich werden wir damit leben müssen, dass es eine ganze Borsdorfer-Gruppe gibt. Vermutlich haben die Köche des 19. Jahrhunderts, die diese Sorte immer wieder vor allen anderen Sorten in der Küche lobten, auch nicht so streng nach Unterscheidungsmerkmalen geschaut wie unsere Pomologen heute. Wichtig war ihnen, dass es einen schmackhaften, würzigen, nicht zu sauren und nicht zu festen Apfel zum Verarbeiten gab.

Boskoop – ein Klassiker der Küchenäpfel

Boskoop liegt westlich von Gouda in der niederländischen Provinz Südholland. Hier gab es Mitte des 19. Jahrhunderts die bekannte große Baumschule K.J.W. Ottolander, die den Apfel „nach eigener Aussage zu Anfang der 50er Jahre des vorigen Jahrhunderts aus einem Nebentriebe der Wildlingsunterlage eines Apfelbaums gewann“. (Deutschlands Obstsorten 1905).

Fraglich ist allerdings, ob Ottolander wirklich eine neue Apfelsorte entdeckt hatte. Mehrere Jahrzehnte stritten sich die Pomologen darüber, ob denn der neu entdeckte „Schöne von Boskoop“ etwas anderes sei als die schon Jahrzehnte zuvor bekannte Reinette von Montfort. Noch 1883 beschreibt der deutsche Pomologe Lauche die Reinette von Montfort als eigenständige Sorte: „sie ist holländischen Ursprungs, zu Montfort in der Provinz Utrecht entstanden“. Den Schönen von Boskoop beschreibt er einige Seiten weiter mit sehr ähnlichen Worten wie die Montfort Reinette. Der mecklenburger Pomologe Kliefoth meint 1901 zu dem Thema: „Die beiden Äpfel kann ich nicht unterscheiden. Sowohl Oberdieck als auch Lauche haben beide Äpfel getrennt beschrieben; aber bei Beiden stimmen die Beschreibung beider Sorten so sehr, meistens wörtlich überein, daß man glauben könnte, es hätte Jedem von ihnen bei der Beschreibung beider Sorten ein und dieselbe Frucht vorgelegen.“ Nachdem ein paar Jahrzehnte darüber diskutiert worden ist, heißt es in „Deutschlands Obstsorten“ Anfang des 20. Jahrhunderts: „Nach dem Urteil aller maßgebenden Sortenkenner sind beide ein und dieselbe Sorte“.

Die neue Sorte fand schnell große Beachtung und weite Verbreitung, „Selten ist wohl einer Sorte ... ein größeres, uneingeschränkteres Lob zuteil geworden. ... nach unserer eigenen Erfahrungen ... besaß sie alle die guten Eigenschaften, welche an ihr gerühmt wurden. Ihr vorzüglicher, angenehm gewürzter Geschmack, das feine, mürbe (!) Fleisch, die Größe und die Formenschönheit ihrer Früchte, ihre Verwendbarkeit für alle Zwecke und ihre An-

spruchslosigkeit an Lage und Boden schiene sie sicher zu dem „Apfel der Zukunft" zu machen. Infolge des stark vergrößerten Anbaus hat er allerdings mancherlei Eigenschaften erkennen lassen, die seine unbegrenzte Empfehlung wesentlich einschränkten." (Deutschlands Obstsorten 1905). Bemängelt wird, dass diese Sorte bedingt durch die Frostempfindlichkeit ihrer recht frühen Blüte keine sicheren Erträge garantiert. Sie ist sogar eine ausgesprochene „Alternanz-Sorte", die meist nur alle zwei Jahre voll trägt.

Was ist denn nun das typische Aussehen eines Boskoop? Was heute auf dem Markt zu bekommen ist – wenn denn überhaupt noch ein Boskoop dort zu finden ist – ist meist die vor gut einem halben Jahrhundert am Rhein entstandene rote Mutante vom Typ Schmitz-Hübsch, die über und über rot ist und kaum noch Ähnlichkeit mit dem Original-Boskoop hat. Sie scheint auch süßer im Geschmack und weniger gut lagerfähig zu sein – aber: Rot ist jetzt nun einmal die Modefarbe bei Äpfeln, von jeder Apfelsorte versucht man eine möglichst rote Mutante hervor zu kitzeln, um das Auge des Verbrauchers zu betören. Wie sah der Original-Boskoop aus? Wohl so schön goldgelb wie auf der hier abgebildeten Chromlithographie aus „Deutschlands Obstsorten".

Auffällig ist, wie sich die Beurteilung dieser Sorte in den letzten 140 Jahren verändert hat vom über alles gepriesenen „Apfel der Zukunft" zu einem kaum noch auf dem Markt zu findenden Backapfel. Eine solche Degradierung hat kaum eine andere Sorte erfahren. Das hängt sicherlich mit einem veränderten Tafelapfel-Ideal zusammen. Wurde früher sein „vorzüglicher, renettenartig gewürzter, kräftiger weinsäuerlicher Geschmack" gelobt (Deutschlands Obstsorten 1905), so ist modernen Apfelessern dies viel zu heftig und viel zu sauer. Der moderne Apfelgeschmack orientiert sich immer mehr an der harmlos süßen Lieblichkeit amerikanischer Sorten. Und „schön mürbe" darf ein Apfel natürlich schon gar nicht sein.

So bleibt dem Boskoop nur noch, sein Heil auf dem Feld der Wirtschaftsäpfel zu suchen. Dank seiner Inhaltsstoffe hat er einiges zu bieten. Als ich vor einigen Jahren die Zucker- und Säurewerte der Äpfel messen ließ, die in meinen sortenreinen Säften verschwunden waren, war ich doch sehr verblüfft: die Sorte mit dem höchsten Zuckergehalt war ... der Boskoop! Natürlich schmeckte der Saft wegen der überlagernden kräftigen Säure trotzdem sauer, aber man konnte schmecken, dass da auch noch ganz viel Zucker „in der Hinterhand" war, das gab dem Ganzen eine schöne runde Fülle.
Aus diesem Grunde lieben alle Verarbeiter den Boskoop: die Bäcker, die Saftmacher, die Obstkelterer, die Brenner.

Freiherr von Berlepsch – adelige Würze vom Niederrhein

Etwa 10.000 Apfelsorten könnte es im 19. Jahrhundert in Deutschland gegeben haben – niemand kennt die genaue Zahl. 4000 sind im „Goldenen Zeitalter der Pomologie“ in den entsprechenden Fachbüchern und Fachzeitschriften beschrieben worden. Mindestens die gleiche Anzahl an Lokal- und Regionalsorten dürfte es gegeben haben, die es nie irgendwo in ein Buch oder eine Zeitschrift geschafft haben.

Die meisten alten Sorten sind „Zufallssämlinge“, also Sorten, die aus zufällig weggeworfenen Apfelresten an einem zum Wachsen günstigen Ort das Licht der Welt erblickt haben. Keimt ein Apfelkern einer bestimmten Sorte A, so entsteht ja nicht wieder ein junges Bäumchen dieser Sorte A, sondern eine neue Sorte C, denn am Zustandekommen des Apfels war zwangsläufig auch noch eine (Vater-)Sorte B beteiligt, deren Pollen von Insekten auf die (Mutter-)Sorte A getragen worden sein müssen, sonst wäre der Apfel gar nicht zustande gekommen; Sorte A kann sich – wie fast alle Kernobstsorten – nicht selbst bestäubt haben. Während nun Sorte A immer brav Früchte der Sorte A trägt, liefert sie in ihren Kernen eine bunte Mischung unterschiedlichsten Erbgutes, je nachdem, wo die Bienen und Hummeln die befruchtenden Pollen hergeholt haben.

Die meisten dieser neuen Zufallssämlinge sind nicht besonders aufregend und gehen schnell wieder unter. Aber wie bei jedem Lottospiel gibt es auch in der Natur richtig tolle Treffer. Diese wurden dann von unseren Vorfahren auch zumeist als solche erkannt und weitervermehrt. Doch bald gab es Leute, die mit so viel Zufälligkeiten nicht glücklich waren. Man konnte doch auch selbst Schicksal spielen und mit dem Pinsel Pollen von seiner Lieblingssorte B auf die Blüte seiner Lieblingssorte A tragen und dann mal abwarten, was das für tolle Früchtchen ergab.

So ähnlich muss auch der Ingenieur und Obstzüchter Diedrich Uhlhorn junior (1843 bis 1915) in Grevenbroich am Niederrhein gedacht haben. Er war ein erfolgreicher Tüftler und Erfinder, der sich in den 1880er Jahren besonders um technische Neuerungen in der Landwirtschaft bemühte. Seine erste gelungene neue Apfelsortenzüchtung war eine Kreuzung von Ananas Renette mit Purpurrotem Agatapfel, die er nach seinem Schwiegervater, dem Grevenbroicher Notar Vincenz von Zuccalmaglio Zuccalmaglio-Renette nannte. Diese Sorte hat viel Ähnlichkeit mit der Ananasrenette und ist auch heute noch im Sortiment alter bewährter Apfelsorten zu finden.

Uhlhorns zweiter, vielleicht noch gelungenerer Wurf ist die zwei Jahre später bekannt gewordene Kreuzung Ananas Renette mit Ribston Pepping, die die neue Sorte Goldrenette Freiherr von Berlepsch, heute meist nur kurz Berlepsch genannt, hervorbrachte. Benannt hat er sie nach dem preußischen Juristen Hans Hermann Freiherr von Berlepsch (1843 bis 1926), der ab 1881 Regierungsvizepräsident in Koblenz, ab 1884 Regierungspräsident in Düsseldorf und ab 1890 preußischer Minister für Handel und Gewerbe war.

Apfelzüchtung ist ein langwieriges Geschäft. Zwei interessante Sorten als Elternteile zusammengebracht können auch völlig uninteressante oder gar missratene „Kinder“ hervorbringen. Auch wenn der Nachwuchs vielversprechend erscheint, muss er sich noch über diverse Jahre in unterschiedlichen Witterungsabläufen und bei unterschiedlichen Standortbedingungen bewähren. Seine Erträge müssen registriert und deren Entwicklung durch die Jahre festgehalten werden. Da ist es für die moderne Obstsortenzucht verständlicherweise eine große Verlockung, diese Abläufe durch den Einsatz moderner Gentechnologie erheblich zu beschleunigen. Ich persönlich halte von derartigen Versuchen gar nichts, weil sie Eingriffe in Naturabläufe darstellen, deren Auswirkungen und Konsequenzen wir weder überblicken noch unter Kontrolle halten können.

Zurück zum Berlepsch Apfel: Heute bekommt man meist nicht mehr das gelb-rot gestreifte Original, sondern den ebenfalls leckeren Roten Berlepsch. Er ist einer unserer schmackhaftesten und vitaminreichsten Tafeläpfel, eine nett anzuschauende, flachrunde rot(gestreift)e Renette, genießbar von Dezember bis etwa März.

Hauptgerichte

Die Rezepte sind für 4 Personen berechnet.

Bratkartoffelomelett

5 EL Öl
400 g Pellkartoffeln vom Vortag,
in nicht zu dünne Scheiben schneiden
2 Zwiebeln, *fein würfeln*
3 Äpfel (Roter Eiserapfel), *fein würfeln*
Salz
Pfeffer aus der Mühle
12 Eier Größe M
frisch geriebene Muskatnuss
frisch geriebener Käse

Das Öl in einer großen Pfanne erhitzen. Kartoffeln auf einer Seite bei starker Hitze 5 Minuten braten, wenden. Zwiebel- und Apfelwürfel dazugeben, salzen und pfeffern. Weitere 5 Minuten braten, ab und zu wenden.

Den Backofen auf 180 °C (Umluft 160 °C) vorheizen. Die Eier in einer Schüssel gut verschlagen und über die Kartoffeln gießen. Die Eimasse in der Pfanne 4 Minuten stocken lassen, dann im Backofen (Mitte) weitere 5 Minuten backen, zwischendurch umdrehen.

Bratkartoffeln mit Gemüse

2 EL Butterschmalz
600 g Pellkartoffeln vom Vortag,
in nicht zu dünne Scheiben schneiden
200 g durchwachsener Speck, *fein würfeln*
2 Zwiebeln, *fein würfeln*
2 Knoblauchzehen, *fein würfeln*
200 g Äpfel (Prinz Albrecht), *würfeln*
300 g Pilze, *in Scheiben schneiden*
1 Paprikaschote, *fein würfeln*
2 Tomaten, *fein würfeln*
Salz, Pfeffer aus der Mühle
frisch geriebene Muskatnuss
½ Bund Frühlingszwiebeln,
in feine Ringe schneiden

1 EL Butterschmalz in einer großen Pfanne erhitzen. Kartoffelscheiben hineingeben und auf einer Seite bei starker Hitze 5 Minuten braten, wenden.

Übriges Butterschmalz erhitzen, Speck, Zwiebeln und Knoblauch zu den Kartoffeln geben und 4 bis 5 Minuten mitbraten. Äpfel, Pilze, Paprika und Tomaten untermischen und noch 2 bis 3 Minuten mitbraten. Mit Salz, Pfeffer und geriebener Muskatnuss abschmecken. Frühlingszwiebeln darüberstreuen. *(Foto rechts)*

Ofenkartoffeln mit Apfel-Kräuter-Füllung

8 große Kartoffeln
100 g Kartoffeln
2 Äpfel (Boskoop),
schälen und in grobe Stücke schneiden
100 g Erbsen
50 ml Gemüsebrühe
125 g Magerquark
2 EL gemischte Kräuter
frisch geriebene Muskatnuss
Salz
Pfeffer aus der Mühle
1 Ei Größe M
50 g Käse, *fein reiben*

flache Auflaufform
Fett für die Form

Den Backofen auf 250 °C (Umluft 230 °C) vorheizen. Die großen Kartoffeln gründlich waschen und rundum mehrmals mit einer Gabel einstechen. Einzeln in Alufolie einwickeln und auf den Backrost legen. Im heißen Ofen (Mitte) 45 bis 50 Minuten backen. Herausnehmen, auswickeln, halbieren und auskühlen lassen. Die Backofenhitze auf 180 °C (Umluft 160 °C) reduzieren.

Die übrigen Kartoffeln schälen und weich kochen. Apfelstücke und Erbsen in wenig Wasser 10 Minuten garen, mit den gekochten Kartoffeln pürieren und mit Gemüsebrühe und Quark verrühren. Mit Kräutern, Muskatnuss, Salz und Pfeffer abschmecken.

Die Ofenkartoffeln bis auf ca. 1 cm Rand aushöhlen. Die Hälften mit der Apfel-Kräuter-Mischung füllen. Das Ei verquirlen und die Füllung damit bestreichen. Die Hälften nebeneinander in die gefettete Form setzen. Mit Käse bestreuen und im heißen Backofen (Mitte) ca. 10 Minuten goldbraun überbacken. *(Foto rechts)*

Apfel-Tomaten-Kartoffeltopf

1 EL Olivenöl
1 Zwiebel, *fein würfeln*
2 Knoblauchzehen, *fein würfeln*
500 g mehligkochende Kartoffeln
(Gunda, Marabell), *würfeln*
500 g Fleischtomaten, *grob würfeln*
je 3 Zweige Thymian und Rosmarin
500 ml Brühe
3 Äpfel (Gewürzluiken), *würfeln*
Salz, Pfeffer

Das Öl in einer Pfanne erhitzen. Zwiebel und Knoblauch darin anbraten. Die Kartoffelwürfel dazugeben und kurz mitbraten. Tomaten, Thymian- und Rosmarinzweige hinzugeben. Alles mit Brühe ablöschen und 10 Minuten köcheln lassen.

Die Äpfel hinzugeben und weitere 5 Minuten dünsten. Gelegentlich umrühren. Mit Salz und Pfeffer abschmecken.

Kartoffel-Sauerkraut-Auflauf

1 kg Kartoffeln
300 g Sauerkraut
300 g Äpfel (Herzog von Cumberland), *schälen und in Spalten schneiden*
Salz
Pfeffer aus der Mühle
4 Wachholderbeeren
1 Lorbeerblatt
½ TL Kümmel
4 Nelken
100 ml Apfelsaft
100 g Crème fraîche
2 Schalotten, *fein würfeln*
100 g Edamer, *reiben*
Schnittlauch, *in feine Röllchen schneiden*

Auflaufform
Fett für die Form

Die Kartoffeln schälen und in Salzwasser 15 bis 20 Minuten bissfest kochen. Abgießen und in dünne Scheiben schneiden. Eine Auflaufform dünn einfetten und mit den Kartoffelscheiben auslegen.

Sauerkraut abtropfen lassen und kleiner schneiden, mit Apfelspalten, Gewürzen und Apfelsaft mischen. Die Masse gleichmäßig auf den Kartoffelscheiben verteilen. Den Backofen auf 200 °C (Umluft 180 °C) vorheizen.

Crème fraîche mit Schalotten und Käse verrühren, über die Sauerkraut-Apfel-Mischung geben. Den Auflauf im heißen Backofen (Mitte) 30 Minuten backen. Vor dem Servieren mit Schnittlauch garnieren.

Apfel-Kartoffel-Puffer

1 kg Kartoffeln, *schälen und raspeln*
500 g Äpfel (Klarapfel), *schälen und raspeln*
1 Zwiebel, *schälen und raspeln*
2–3 EL Weizenvollkornmehl
2 Eier Größe M
Salz
frisch geriebene Muskatnuss
5 EL Rapsöl

Kartoffeln, Äpfel und Zwiebeln in einer Schüssel gut vermengen. Mit Mehl und Eiern zu einer nicht zu trockenen Masse vermischen. Mit Salz und Muskatnuss würzen.

In einer großen Pfanne etwas von dem Öl erhitzen. Die Kartoffelmasse löffelweise hineingeben, glatt streichen und auf beiden Seiten bei mittlerer Hitze in jeweils ca. 5 Minuten braun und knusprig braten. Auf Küchenpapier abtropfen lassen und warm halten, bis alle Puffer gebacken sind. *(Foto rechts)*

Himmel und Erd'

1,2 kg Kartoffeln, *halbieren oder vierteln*
500 g Äpfel (Herzog von Cumberland), *schälen und grob würfeln*
300 g durchwachsener Speck, *fein würfeln*
2 EL Butter
300 g Zwiebeln, *in Scheiben schneiden*
250 ml Milch
frisch geriebene Muskatnuss
Salz, Pfeffer aus der Mühle
Zucker

Die Kartoffeln in reichlich Salzwasser 10 Minuten kochen. Die Äpfel zufügen und weitere 10 Minuten kochen lassen.

Den Speck in einer Pfanne mit 1 EL Butter bei schwacher Hitze langsam knusprig braten. Zwiebeln zum Speck geben, goldbraun braten und beiseite stellen.

Die Milch in einem kleinen Topf vorsichtig erhitzen. Kartoffeln und Äpfel abgießen, Kochflüssigkeit dabei auffangen. Kartoffeln und Äpfel im Topf zerstampfen, mit heißer Milch und 1 EL Butter vermischen. Falls der Brei zu trocken erscheint, noch etwas Kochflüssigkeit zugeben. Mit Muskatnuss, Salz, Zucker und Pfeffer abschmecken.

Speck und Zwiebeln auf dem Kartoffel-Apfel-Brei verteilen. Das Bratfett darübergießen und sofort servieren. *(Foto rechts)*

Gefüllte Kartoffeln

5 große Kartoffeln
100 g durchwachsener Speck, *fein würfeln*
1 Zwiebel, *fein würfeln*
1 Apfel (Prinz Albrecht), *fein würfeln*
1 Paprikaschote, *fein würfeln*
100 g Champignons, *in Scheiben schneiden*
100 g Käse, *reiben*
Salz
Pfeffer aus der Mühle

flache Auflaufform
Fett für die Form

Den Backofen auf 250 °C (Umluft 230 °C) vorheizen. Kartoffeln gründlich waschen und rundum mehrmals mit einer Gabel einstechen. Einzeln in Alufolie einwickeln und auf den Backrost legen. Im heißen Ofen (Mitte) 45 bis 50 Minuten backen. Herausnehmen, auswickeln, halbieren und auskühlen lassen. Die Backofenhitze auf 170 °C (Umluft 150 °C) reduzieren.

In einer Pfanne den Speck bei mittlerer Hitze auslassen. Zwiebel, Champignons, Apfel und Paprika dazugeben und alles leicht anbräunen. Salzen und pfeffern.

Die Kartoffeln bis auf ca. 1 cm Rand aushöhlen. Die Hälften mit der Mischung füllen und nebeneinander in die gefettete Form setzen. Mit Käse bestreuen und 10 Minuten überbacken.

Gedämpfter Kabeljau mit Tomaten-Apfel-Soße

4 Kabeljausteaks
2 EL Zitronensaft
500 g Fleischtomaten
250 g Äpfel (Gewürzluiken), *fein würfeln*
100 g eingelegte Paprikaschoten (aus dem Glas), *abtropfen lassen und klein schneiden*

2 EL Tomatenmark
1 EL Sojasauce
Salz, Pfeffer aus der Mühle, Zucker

Dämpfeinsatz
Öl zum Einfetten

Den Fisch abspülen, trocken tupfen, mit Zitronensaft beträufeln und salzen. Zum Marinieren abgedeckt ca. 20 Minuten in den Kühlschrank stellen.

Die Tomaten kreuzweise am Stielansatz einschneiden, kurz in kochendes Wasser legen, häuten, halbieren und entkernen. Das Fruchtfleisch klein schneiden und mit Apfelwürfeln, Paprikaschoten, Tomatenmark und Sojasauce mischen. In ein hohes Gefäß geben und pürieren. Alles mit Salz, Pfeffer und Zucker abschmecken. Kühl stellen.

Wenig Wasser in einem Topf mit Dämpfeinsatz zum Kochen bringen. Den Boden des Dämpfeinsatzes mit Öl einpinseln. Den marinierten Kabeljau hineinlegen und in den Topf über das kochende Wasser stellen. Zugedeckt bei mittlerer Hitze etwa 3 bis 5 Minuten von jeder Seite dämpfen. Zusammen mit der Tomaten-Apfel-Soße servieren. *(Foto rechts)*

Gefüllte Gurken

2 Salatgurken
250 g Fischfilet, *würfeln*
250 g Apfel (Borsdorfer), *würfeln*
Saft einer ½ Zitrone
2 Eiweiß

Cayennepfeffer
Salz
125 ml Fischfond
2 EL Crème Fraîche
Dill, *fein hacken*

Die Gurken längs schälen, sodass kleine Streifen stehen bleiben. Der Länge nach halbieren und die Kerne mit einem Löffel herausschaben.

Fisch und Apfel mit Zitronensaft in ein hohes Gefäß geben und pürieren. Mit Cayennepfeffer und Salz würzen. Eiweiß steif schlagen und unterheben.

Die Gurkenhälften innen salzen und mit der Fisch-Apfel-Masse füllen. Den Fischfond in einem großen flachen Topf erhitzen, die Gurken hineinsetzen und zugedeckt ca. 10 Minuten bei mittlerer Hitze dünsten. Herausnehmen und warm halten. Die Crème Fraîche mit Fischfond zu einer Soße verrühren und zu den Gurken servieren. Mit Dill bestreuen.

Lachs auf Schmorgurke

2 EL Rapsöl
1 Zwiebel, *fein würfeln*
400 g Schmorgurken,
halbieren, entkernen, fein würfeln
1 EL Mehl
100 ml Gemüsebrühe
250 g Äpfel (Gelber Richard), *würfeln*
200 g süße Sahne
Salz, Pfeffer aus der Mühle
600 g Lachsfilet

1 EL Rapsöl in einer großen Pfanne erhitzen. Zwiebel und Gurke darin andünsten bis sie glasig sind. Mit 1 EL Mehl bestäuben und die Brühe zugießen. Die Äpfel hinzufügen, abgedeckt ca. 10 Minuten garen. Mit Sahne aufgießen, mit Salz und Pfeffer abschmecken.

Das Fischfilet abspülen, trocken tupfen, salzen und im restlichen Öl ca. 7 Minuten braten. Die Schmorgurken mit dem gebratenen Lachs servieren. *(Foto auf Seite 4)*

Gefüllte Auberginen

2 mittelgroße Auberginen
Salz, Pfeffer aus der Mühle
1 Zwiebel, *fein würfeln*
200 g Äpfel (Roter Eiserapfel), *fein würfeln*
200 g Nordseekrabben
1 EL Öl
1 TL Currypulver
200 g süße Sahne
100 g Joghurt
200 g frisch geriebener Käse

große flache Auflaufform
Fett für die Form

Von den Auberginen die Stielansätze entfernen und halbieren. Die Hälften mit einem Löffel bis auf ca. 1 cm Rand aushöhlen. Das Auberginenfleisch würfeln. Die Hälften in kochendem Salzwasser ca. 1 Minuten blanchieren und mit kaltem Wasser abschrecken.

Das gewürfelte Auberginenfleisch mit Zwiebel, Apfel und Krabben im Öl anbraten. Das Currypulver darüberstäuben, Sahne zugießen und offen etwa zur Hälfte einkochen lassen. Vom Herd nehmen, etwas abkühlen lassen. Dann den Joghurt unterrühren und mit Salz und Pfeffer würzen.

Den Backofen auf 160 °C (Umluft 140 °C) vorheizen. Die Auberginen mit der Krabbenmasse füllen und in die gefettete Auflaufform legen. Mit Käse bestreuen und ca. 20 Minuten garen.

Fischspieße

600 g Lachsfilet
400 g Seeteufelfilet
1 Paprikaschote,
in 2 cm große Stücke schneiden
1 Zucchini, *in Scheiben schneiden*
2 Äpfel (Hilde),
vierteln und in Schnitze schneiden

1 EL Öl
Salz, Pfeffer aus der Mühle
100 g Sahne
½ Bund Frühlingszwiebeln,
in feine Ringe schneiden

lange Holzspieße

Die Fischfilets abspülen, trocken tupfen und in 2 cm große Stücke schneiden. Fisch abwechselnd mit Gemüse und Apfel auf die Spieße stecken. Das Öl in einer Grillpfanne erhitzen und die Fischspieße hineinlegen, 7 bis 10 Minuten rundum braten, salzen und pfeffern.

Die Sahne mit Salz und Pfeffer abschmecken und die Frühlingszwiebeln unterheben. Als Soße zu den Spießen reichen.

Rotbarsch auf Ratatouille

1 EL Olivenöl
1 Knoblauchzehe, *fein würfeln*
100 g Zwiebel, *fein würfeln*
1 Paprikaschote, *fein würfeln*
300 g Äpfel (Herzog von Cumberland),
fein würfeln
300 g Tomaten, *würfeln*
300 g Zucchini, *fein würfeln*
Salz, Pfeffer aus der Mühle

1 EL Tomatenmark
1 TL getrocknete Kräuter der Provence
1 kg Rotbarsch oder Rotbarschfilet
2 EL Rapsöl
2 Stängel frischer Rosmarin,
Blättchen abzupfen

flache Auflaufform
Fett für die Form

Olivenöl in einem Topf erhitzen. Knoblauch und Zwiebeln darin glasig andünsten. Paprika, Äpfel, Tomaten und Zucchini zugeben und kurz mitbraten, salzen und pfeffern. Tomatenmark und Kräuter unterrühren. Alles zugedeckt bei mittlerer Hitze ca. 15 Minuten köcheln lassen bis das Gemüse bissfest ist.

Den Backofen auf 180 °C (Umluft 160 °C) vorheizen. Den Fisch abspülen, trocken tupfen und leicht salzen. Die Auflaufform einfetten. Das Rapsöl mit den Rosmarinblättchen verrühren und den Fisch damit bepinseln. In die Aufflaufform legen und im heißen Backofen (Mitte) ca. 20 Minuten garen. Mit der Ratatouille servieren.

Backfisch auf Apfel-Zwiebel-Gemüse

600 g Fischfilet (z. B. Seelachs)
Salz
Pfeffer aus der Mühle
Saft von ½ Zitrone
1 Ei Größe M

100 g Mehl
4 Zwiebeln, *in Ringe schneiden*
1 EL Rapsöl
400 g Äpfel (Boskoop), *würfeln*
Rapsöl

Die Fischfilets waschen, trocknen, salzen, pfeffern und mit Zitronensaft beträufeln. Ei mit Mehl, Salz und 100 ml Wasser zu einem glatten Teig verrühren, ca. 10 Minuten quellen lassen.

Die Zwiebelringe im Rapsöl goldbraun anbraten. Apfelwürfel zugeben und weitere 5 bis 8 Minuten dünsten bis Zwiebeln und Apfelstücke gar sind. Salzen und pfeffern, warm halten.

Öl in einer großen Pfanne erhitzen. Die Fischfilets nacheinander in den Teig tauchen, etwas abstreifen und vorsichtig in das heiße Öl legen. Die Filets bei mittlerer Hitze von jeder Seite etwa 3 Minuten braten. Dann bei schwacher Hitze 4 Minuten weitergaren. Dabei gelegentlich wenden. Den Fisch auf dem Gemüse anrichten.

Fischauflauf mit Weißkohl

600 g Lengfischfilet
Saft von ½ Zitrone
Pfeffer aus der Mühle
Salz
2 EL Butter
1 große Zwiebel, in Ringe schneiden
250 g Weißkohl, *in feine Streifen schneiden*

250 g Äpfel (Jakob Lebel), *raspeln*
2 EL Apfelessig
¼ TL Kümmelsamen
Schnittlauch, *fein schneiden*

Auflaufform
Fett für die Form

Die Fischfilets abspülen und trocken tupfen, mit Zitronensaft beträufeln, salzen und pfeffern. Zugedeckt kalt stellen.

Die Butter in einer Pfanne schmelzen. Die Zwiebel darin glasig andünsten. Weißkohl und Kümmel zugeben und zugedeckt 15 Minuten bissfest garen. Geraspelte Äpfel hinzufügen. Die Mischung mit Salz, Pfeffer und Apfelessig würzen.

Den Backofen auf 200 °C (Umluft 180 °C) vorheizen. Eine Aufflaufform einfetten. Die Weißkohl-Apfel-Mischung hineingeben, Fischfilets darauflegen. Den Auflauf im Backofen (Mitte) ca. 10 Minuten garen. Mit Schnittlauch bestreuen. *(Foto rechts)*

Apfelpizza

FÜR DEN TEIG
275 g Weizenvollkornmehl
2 TL Backpulver
½ TL Salz, Pfeffer aus der Mühle
getrockneter Majoran
1 Ei Größe M
250 ml Milch
65 ml Öl

FÜR DEN BELAG
2 Chicorée, *in Streifen schneiden*
2 Tomaten, *würfeln*
1 Paprikaschote, *würfeln*
2 Äpfel (Herbstrenette), *würfeln*
150 g frisch geriebenen Gouda oder
150 g Mozzarella,
in dünne Scheiben schneiden
150 g Frühlingszwiebeln,
in feine Ringe schneiden

Mehl mit Backpulver, Salz, Pfeffer und Majoran in einer Schüssel mischen. Ei, Milch und Öl nach und nach zugeben. Alles zu einem geschmeidigen Teig kneten und ruhen lassen.

Den Backofen auf 180 °C (Umluft 160 °C) vorheizen. Das Backblech einfetten oder mit Backpapier belegen. Den Teig ausrollen, auf das Blech legen und mit Chicorée, Tomaten, Paprika und Äpfeln belegen. Käse darüberverteilen und die Pizza ca. 25 bis 30 Minuten backen. Aus dem Ofen nehmen, mit Frühlingszwiebeln bestreuen und sofort servieren. *(Foto rechts)*

Kürbis-Ratatouille

1 EL Olivenöl
2 Zwiebeln, *würfeln*
1 Knoblauchzehe, *würfeln*
1 Möhre, *der Länge nach vierteln und in 1 cm große Stücke schneiden*
1 Paprikaschote, *würfeln*
1 kleiner Hokkaido,
in ca. 1,5 cm große Würfel schneiden
200 g Pilze, *halbieren oder vierteln*
2 Äpfel (Ausbacher Roter), *achteln und in 1 cm große Stücke schneiden*
je 2–3 Stängel Majoran und Thymian,
Blättchen abzupfen
2 Tomaten, *würfeln*
300 ml Wasser
Salz, Pfeffer aus der Mühle
2 Stängel Basilikum,
in feine Streifen schneiden

Das Olivenöl in einer Pfanne erhitzen. Die Zwiebeln 4 bis 5 Minuten darin anbraten, nach 3 Minuten Knoblauch zufügen.

Möhren-, Paprika- und Kürbisstücke zugeben und unter Rühren kurz mitbraten. Dann Pilze, Apfelstücke sowie Majoran- und Thymianblättchen zugeben und weitere 3 bis 4 Minuten braten.

Tomatenwürfel und Wasser zugeben, zugedeckt bei schwacher Hitze 10 bis 15 Minuten schmoren. Salzen und pfeffern, mit Basilikumstreifen bestreuen.

Pfannkuchentorte mit Ziegenkäse

FÜR DIE PFANNKUCHEN
200 g Mehl
200 ml Milch
5 Eier Größe M
Salz, Pfeffer aus der Mühle
2 EL Rapsöl

runde Auflaufform in
der Größe der Pfannkuchen
Fett für die Form

FÜR DIE FÜLLUNG
1 Zwiebel, *würfeln*
1 kg Äpfel (Ausbacher Roter),
schälen und fein würfeln
2 Tomaten, *würfeln*
6 eingelegte Peperoni, *klein schneiden*
200 ml Gemüsebrühe
250 g halbfester Ziegenkäse

Mehl, Milch, Eier, Salz und Pfeffer mit einem Handrührgerät zu einem dünnflüssigen Pfannkuchenteig verschlagen. Den Teig 15 Minuten ruhen lassen. 1 EL Rapsöl in einer Pfanne erhitzen und darin nacheinander bei mittlerer Hitze 6 bis 8 Pfannkuchen backen.

Übriges Öl erhitzen. Die Zwiebel darin glasig andünsten. Äpfel, Tomaten und Peperoni zufügen. Mit der Brühe ablöschen. Bei kleiner Hitze offen etwas einkochen lassen. Dann 200 g Ziegenkäse unterrühren, mit Salz und Pfeffer abschmecken.

Den Backofen auf 160 °C (Umluft 140 °C) vorheizen. Die Auflaufform einfetten, einen Pfannkuchen hineinlegen und etwas Apfel-Käse-Mischung daraufverteilen. Abwechselnd Pfannkuchen und Apfelmischung einfüllen, mit einem Pfannkuchen abschließen. Restlichen Käse darüberstreuen und die Torte ca. 10 Minuten backen. *(Foto rechts)*

Apfelrisotto

4 Äpfel (Kaiser Wilhelm),
schälen und fein würfeln
200 ml Wein
100 ml Apfelsaft
2 EL Butterschmalz
250 g Langkornreis

2 Zwiebeln, *fein würfeln*
1 Knoblauchzehe, *fein würfeln*
½ l Gemüsebrühe
3 El Sahne
Salz, Pfeffer aus der Mühle
2 El frisch geriebener Parmesan

Die Apfelwürfel 10 bis 15 Minuten in der Mischung aus Wein und Apfelsaft marinieren. Inzwischen das Butterschmalz in einem Topf schmelzen. Den Reis darin glasig andünsten. Zwiebeln und Knoblauch zugeben und unter Rühren kurz mitdünsten. Die Apfelwürfel hinzufügen und weitere 2 bis 3 Minuten mitdünsten.

Die Brühe zugießen, umrühren und zugedeckt 15 Minuten bei kleiner Hitze köcheln lassen. Die Sahne unterrühren, salzen und pfeffern. Vor dem Servieren mit Parmesan bestreuen.

Apfel-Zwiebel-Gratin

1 El brauner Zucker
gemahlener Zimt
500 g Äpfel (Borsdorfer),
schälen und in dicke Scheiben schneiden
Saft einer Zitrone
500 g Zwiebeln, *in dünne Ringe schneiden*
Salz, Pfeffer aus der Mühle

2 EL Crème Fraîche
4 EL süße Sahne
1 Tasse Semmelbrösel
4 EL Butter

Auflaufform
Fett für die Form

Den Backofen auf 200 °C (Umluft 180 °C) vorheizen. Die Auflaufform einfetten. Zucker und Zimt in einem tiefen Teller mischen. Die Apfelscheiben mit Zitronensaft beträufeln und in der Zucker-Zimt-Mischung wenden.

Die Zwiebelringe salzen und pfeffern. Äpfel und Zwiebeln lagenweise abwechselnd in die Form schichten. Mit einer Lage Apfelscheiben abschließen.

Crème Fraîche mit Sahne glatt rühren und über die Apfelscheiben gießen. Nach 45 Minuten Backzeit Semmelbrösel und Butterflöckchen auf dem Auflauf verteilen und weitere 15 Minuten backen.

Blumenkohl-Apfel-Curry

1 Zwiebel, *fein würfeln*
1 Knoblauchzehe, *fein würfeln*
2 El Öl
2 TL Currypulver
Salz, Pfeffer aus der Mühle

1 Blumenkohl, *in Röschen teilen*
2 Äpfel (Boskoop), *würfeln*
200 ml Apfelwein
100 g Joghurt

Zwiebel und Knoblauch im heißen Öl glasig braten, Gewürze zugeben. Blumenkohlröschen und Apfelwürfel hinzufügen und unter Rühren 2 bis 3 Minuten anbraten. Mit Apfelwein ablöschen und zugedeckt ca. 10 Minuten dünsten. Vom Herd nehmen, leicht abkühlen lassen und den Joghurt unterrühren. Passt auch gut zu Fisch. *(Foto rechts)*

Apfelquiche

450 g TK-Blätterteig, aufgetaut
50 g durchwachsener Speck, *fein würfeln*
1 Zwiebel, *fein würfeln*
350 g Champignons, *in Scheiben schneiden*
100 ml Weißwein
¼ Bund Petersilie, *fein schneiden*
400 g frischer Spinat
1 Knoblauchzehe, *fein würfeln*
1 TL Olivenöl
Salz
Pfeffer aus der Mühle
250 g Äpfel (Prinz Albrecht), *fein würfeln*
2 Eier Größe M
125 g Crème Fraîche
frisch geriebene Muskatnuss

Quicheform (26 cm Durchmesser)
Fett für die Form

Den Backofen auf 160 °C (Umluft 140 °C) vorheizen. Die Teigplatten aufeinander legen und auf wenig Mehl in der Größe der Form dünn ausrollen. Die Form damit auskleiden und ca. 20 Minuten vorbacken.

Den Speck in einer Pfanne kross anbraten. Zwiebel und Champignons zufügen und ca. 5 Minuten mitbraten. Mit Weißwein ablöschen und offen ca. 5 Minuten einkochen lassen. Die Hälfte der Petersilie unterrühren.

Den Spinat waschen, eventuell harte Stiele entfernen. Knoblauch im Olivenöl anbraten. Spinat tropfnass zum Knoblauch geben und unter Rühren zusammenfallen lassen. Mit Salz und Pfeffer würzen. Apfelwürfel und Pilzmasse mit dem Spinat vermengen. Die Spinat-Pilz-Mischung auf den vorgebackenen Blätterteig geben.

Die Eier mit der Crème Fraîche verquirlen, mit Salz und Muskatnuss abschmecken. Übrige Petersilie unterrühren. Die Eiermasse über die Spinatfüllung geben und die Quiche ca. 20 Minuten backen. *(Foto rechts)*

Fenchel mit Apfel

300 g Hähnchenbrustfilet, *in Streifen schneiden*
1 EL Öl
3 Fenchelknollen, *würfeln*
200 g Möhren, *würfeln*
2 Stangen Staudensellerie, *würfeln*
200 g Porree, *in Ringe schneiden*
400 g Kartoffeln, *würfeln*
1 Apfel, *würfeln*
1 l Gemüsebrühe
Salz
Pfeffer aus der Mühle

Das Fleisch portionsweise je 4 bis 5 Minuten im heißen Öl anbraten. Gemüse-, Kartoffel- und Apfelstücke zufügen, weitere 3 bis 4 Minuten unter Rühren braten. Die Brühe zugießen, aufkochen und bei mittlerer Hitze etwa 30 Minuten gar kochen. Mit Salz und Pfeffer abschmecken.

Hack-Gemüse-Auflauf

300 g Kartoffeln, *würfeln*
Salz
500 g gemischtes Hackfleisch
200 g Magerquark
Pfeffer aus der Mühle
3 Äpfel (Borsdorfer), *würfeln*
2 Tomaten, *würfeln*
1 Paprikaschote, *würfeln*
100 g Champignons, *in Scheiben schneiden*
200 g saure Sahne
2 Eier
frisch geriebene Muskatnuss

Auflaufform
Fett für die Form

Die Kartoffeln in wenig Salzwasser etwa 10 Minuten kochen. Hackfleisch und Quark vermengen, salzen und pfeffern. In die gefettete Auflaufform streichen.

Kartoffeln abgießen und mit Äpfeln, Tomaten, Paprika und Champignons mischen. Auf der Hackfleischmasse verteilen. Den Backofen auf 160 °C (Umluft 140 °C) vorheizen.

Die saure Sahne mit den Eiern verquirlen, salzen, pfeffern und mit geriebener Muskatnuss würzen. Über den Auflauf gießen und 30 bis 40 Minuten backen. *(Foto rechts)*

Spätzle mit Puten-Gemüse-Ragout

1 EL Öl
300 g Putenfleisch, *in Streifen schneiden*
1 Zwiebel, *würfeln*
300 g Tomaten, *würfeln*
300 g Äpfel (Gewürzluiken), *fein würfeln*
2 Stangen Staudensellerie, *in Scheiben schneiden*
1 EL Mehl
1 l Gemüsebrühe
Salz, Pfeffer aus der Mühle
300 g Spätzle aus dem Kühlregal

Öl in einer Pfanne erhitzen und das Fleisch portionsweise darin jeweils ca. 5 Minuten rundum anbraten. Die Zwiebel zugeben und glasig braten. Tomaten, Äpfel und Sellerie zufügen, mit 1 EL Mehl bestäuben und das Gemüse rundum 2 bis 3 Minuten anbraten.

Die Brühe angießen, kurz aufkochen und alles bei milder Hitze 30 Minuten gar ziehen lassen. Dann salzen und pfeffern.

Inzwischen die Spätzle nach Packungsanweisung bissfest garen. Abgießen und mit dem Puten-Gemüse-Ragout mischen.

Spitzkohlpfanne mit Speck

400 g durchwachsener Speck, *würfeln*
1 kleines Glas eingelegte Paprikaschoten (Abtropfgewicht 200 g), *würfeln*
1 Spitzkohl, *klein schneiden*
400 g Kartoffeln, *würfeln*
300 g Äpfel (Hilde), *würfeln*
3 Stiele frischer Thymian, *Blättchen abzupfen*
125 ml Gemüsebrühe
Salz, Pfeffer aus der Mühle

Speck in einer Pfanne kross anbraten. Die eingelegten Paprika und den Kohl zugeben und 15 Minuten mitbraten. Dann Kartoffeln, Äpfel und Thymianblättchen zugeben. Mit der Brühe ablöschen und zugedeckt etwa 10 Minuten köcheln lassen bis das Gemüse gar ist. Mit Salz und Pfeffer abschmecken.

Geschmorter Radicchio

200 g durchwachsener Speck, *würfeln*
1 Zwiebel, *fein würfeln*
2 EL Olivenöl
2 Äpfel (Jakob Lebel), *in schmale Spalten schneiden*
1 kg Radicchio, *halbieren oder vierteln*
Salz, Pfeffer aus der Mühle

Speck- und Zwiebelwürfel in einer hohen großen Pfanne im Öl 3 Minuten anbraten. Die Apfelwürfel hinzugeben, kurz mitbraten. Die Radicchiostücke hineinlegen und bei schwacher Hitze 15 Minuten weich schmoren, dabei gelegentlich umrühren (wenn Sie den Radicchio knusprig mögen, braten Sie bei offener Pfanne. Liegt der Deckel auf, wird der Kohl weicher). Salzen und pfeffern. Passt gut zu Kurzgebratenem. *(Foto rechts)*

Grüne Bohnensuppe mit Äpfeln

500 g mageres Rindfleisch, *würfeln*
800 ml Wasser
250 g Möhren, *in Scheiben schneiden*
150 g Knollensellerie, *würfeln*
150 g Porree, *in Ringe schneiden*
300 g Kartoffeln, *würfeln*
½ Bund Bohnenkraut, *zusammenbinden*
400 g grüne Bohnen, *klein schneiden*
100 g geräucherter Speck, *fein würfeln*
300 g Äpfel (Jakob Lebel), *schälen und würfeln*
Salz, Pfeffer aus der Mühle

Das Fleisch ins Wasser geben, aufkochen und zugedeckt bei mittlerer Hitze ca. 1 ¾ Stunden garen. Dann Gemüse, Kartoffelwürfel und Bohnenkraut zufügen und weitere 15 Minuten bei kleiner Hitze garen, nach 5 Minuten die grünen Bohnen zugeben. Inzwischen den Speck in einer heißen Pfanne knusprig braten, die Apfelwürfel hinzufügen und kurz mitdünsten. Zur Suppe geben, mit Salz und Pfeffer abschmecken.

Apfel-Möhren-Curry in Kokossoße

3 EL Öl
2 TL Currypulver
1 Schalotte, *fein würfeln*
800 g Möhren, *in Scheiben schneiden*
400 g Äpfel (Prinz Albrecht), *schälen und achteln*
2 EL Mehl
350 ml Hühnerbrühe
80 ml Kokosmilch
20 g Kokosraspeln

Das Öl in einer Pfanne erhitzen. Das Currypulver darin 1 bis 2 Minuten unter Rühren anrösten. Die Schalotte zugeben, glasig anbraten. Dann Möhren und Äpfel hinzufügen und rundum 2 bis 3 Minuten anbraten. Das Mehl darüberstäuben, unterrühren. Brühe und Kokosmilch zugießen, aufkochen und alles bei milder Hitze zugedeckt 10 bis 15 Minuten köcheln lassen bis das Gemüse gar ist. Mit Kokosraspeln bestreut servieren.

Rotkohl-Rouladen

1 EL Öl
3 Zwiebeln, *fein würfeln*
150 g Champignons, *fein würfeln*
250 g Äpfel (Herbstrenette), *fein würfeln*
1 Kopf Rotkohl
Salz
500 g gemischtes Hackfleisch
Pfeffer aus der Mühle
gemahlener Kümmel

Bräter
Fett für die Form

Das Öl in einer Pfanne erhitzen, die Zwiebeln darin glasig dünsten. Champignons und Äpfel dazugeben, 5 Minuten mitdünsten. Vom Herd nehmen und abkühlen lassen.

Vom Rotkohl die äußeren Blätter ablösen. Strunk keilförmig herausschneiden. Den Kohl in kochendes Salzwasser geben und kochen, bis sich die äußeren Blätter ablösen lassen. Den Backofen auf 180 °C (Umluft 160 °C) vorheizen.

Das Hackfleisch mit der Zwiebel-Apfel-Mischung gut vermengen, mit Salz, Pfeffer und gemahlenem Kümmel abschmecken.

8 bis 12 Kohlblätter ablösen, trocken tupfen und Blattrippen flach schneiden. Je nach Größe 2 bis 3 Blätter übereinander legen. Die Hackmasse darauf verteilen, Blätter seitlich einschlagen und aufrollen. Bei Bedarf mit Küchengarn zusammenbinden.

Den Bräter einfetten und die Rouladen mit der offenen Seite nach unten hineinlegen, ca. 50 Minuten garen. *(Foto rechts)*

Nudelauflauf mit Schinken

1 EL Öl
2 Stangen Porree, *in Ringe schneiden*
3 Äpfel (Kaiser Wilhelm), *fein würfeln*
300 g gekochter Schinken, *würfeln*
500 g gekochte Nudeln
200 g Magerquark
200 g süße Sahne

6 Eier Größe M
Salz
Pfeffer aus der Mühle
250 g frisch geriebener Käse

Auflaufform
Fett für die Form

Öl in einer Pfanne erhitzen. Porree und Äpfel darin ca. 3 Minuten andünsten, salzen und pfeffern. Mit Schinkenwürfeln und den gekochten Nudeln mischen.

Den Backofen auf 160 °C (Umluft 140 °C) vorheizen. Die Auflaufform fetten und die Nudel-Gemüse-Mischung einfüllen.

Quark, Sahne und Eier mit dem Handrührgerät miteinander verschlagen, salzen und pfeffern. Die Eiermasse über die Nudelmasse gießen. Mit geriebenem Käse bestreuen und den Auflauf 20 bis 30 Minuten backen.

Gefüllte Kohlrabi

4 Kohlrabi
300 g gemischtes Hackfleisch
1 Ei Größe M
2 Scheiben Toastbrot
2 Zwiebeln, *fein würfeln*
½ Bund Petersilie, *fein schneiden*

2 Tomaten, *fein würfeln*
2 Äpfel (Boskoop), *fein würfeln*
Salz, Pfeffer aus der Mühle

flache Auflaufform
Fett für die Form

Den Backofen auf 160 °C (Umluft 140 °C) vorheizen. Kohlrabi schälen, oben einen Deckel abschneiden und beiseite legen. Kohlrabi mit einem Kugelausstecher bis auf einen 2 cm Rand aushöhlen und 5 bis 8 Minuten in kochendem Salzwasser blanchieren. Herausheben und abtropfen lassen.

Toastbrot in wenig kaltem Wasser einweichen. Hackfleisch mit Ei, Zwiebeln, Petersilie und ausgedrücktem Toastbrot verkneten. Tomaten- und Apfelwürfel mischen und unter die Hackmasse mengen. Mit Salz und Pfeffer würzen. Die Hackmasse in die Kohlrabi füllen und nebeneinander in die gefettete Auflaufform setzen, ca. 40 Minuten backen.

Gewürzluikenapfel

Gelber Richard – ein edler Mecklenburger, aromatisch und leicht mürbe

„Der Gelbe Richard ist neben dem norddeutschen Gravensteiner, dem er in bezug auf Feinheit im Geschmack und Geldwert ebenbürtig zur Seite gestellt wird, entschieden einer der gesuchtesten Äpfel. Aber die Faulheit der Ernteerträge hat er ebenfalls mit dem Gravensteiner gemein, und deshalb muß sein Anbau ein beschränkter bleiben. Er erlangt seinen eigenartigen Wohlgeschmack nur in der norddeutschen Tiefebene und ist in Holstein, Mecklenburg, Pommern und Hannover viel verbreitet ..." (Deutschlands Obstsorten)

„Eine große, vorzügliche, und bei allen, die ihn kennen, mit Recht beliebte Frucht, die aber selbst bei uns noch lange nicht genug verbreitet ist ... Die Frucht ist gern hoch aussehend, nach dem Kelche zu stark abnehmend. Schale fein, glatt, geschmeidig, hellgelblich, nur zuweilen auf der Sonnenseite blaß, carmoisinrot angelaufen, so daß die ganze Frucht in der Reife sehr zart aussieht, während sie früher unscheinbar ist. Fleisch sehr weiß, fein, mürbe, sehr saftig, Geschmack sehr edel, rosen- oder himbeerartig, durch sehr wenig pikanke Säure gehoben. Der Baum gedeiht in allerlei Böden, ist gesund, groß und sehr fruchtbar; scheint aber doch vorzugsweise leichten Boden zu lieben." (Johann G. Bogislav Müschen, „Obstbau in Norddeutschland", Stuttgart 1876)

„Der Gelbe Richard leidet außerordentlich stark unter Mehltau und Fusicladium (Schorf): Auch Krebs und Spitzendürre treten häufig auf. Sein frühzeitiges Abwerfen der Früchte bringt dem Besitzer empfindlichen Ausfall seiner Einnahmen. Der Anbau dieser Sorte ist daher mit Vorsicht zu betreiben und sollte nur auf besonders bevorzugte Verhältnisse in der norddeutschen Tiefebene beschränkt bleiben". (Deutschlands Obstsorten)

Man sieht: so ganz einig sind sich die alten Pomologen in der Beurteilung dieser Sorte nicht. Strittig sind nicht die inneren Qualitäten der Frucht, sondern der Wert des Apfels für den Erzeuger im Anbau. Ist er nun ein fauler Träger oder sehr fruchtbar, sind das subjektive Maßstäbe oder schwanken die Erträge je nach Standort und Lage?

Zu Beginn des 19. Jahrhunderts geben die Landwirtschaftskammern Sortenempfehlungen heraus, sie versuchen, die Sortenflut einzudämmen und Überflüssiges und Wertloses auszusortieren. Aber Obstbau, zumal der damals noch gängige Hochstammobstbau, ist eine langlebige Angelegenheit, so schnell lässt sich die alte Vielfalt nicht beseitigen. So werden etwa im Bereich der Landwirtschaftskammern Kiel, Oldenburg und Hannover offiziell auch 1941 noch etwa 220 im Handel befindliche Apfelsorten registriert.

Das große Aufräumen beginnt erst in den sechziger und siebziger Jahren des 20. Jahrhunderts. Die alte Sortenvielfalt wird zum „Sortenwirrwarr“ erklärt, den es zu „bereinigen“ gilt. Es gibt Rodeprämien aus Brüssel zum Absägen der alten Hochstammbäume (auf denen die alten Sorten zu finden sind). Angestrebt wird ein europaweites Einheitssortiment von maximal zwei Handvoll Sorten, damit der Handel leicht hin- und herdisponieren kann. Der Verbraucher wird nie gefragt, ob er diese Entwicklung gut findet. Das Sortiment wird nach völlig nebensächlichen „Qualitätskriterien“ wie Größe, Ausprägung der roten Deckfarbe, Makellosigkeit der (dafür x-mal gespritzten) Schale aufgestellt und nach Werten wie Sortiermaschinen- und Transportfestigkeit beurteilt, die Früchte werden immer früher, wenn sie eigentlich noch gar nicht reif sind, geerntet, damit sie im Lager besonders lange knackig-frisch bleiben.

Der Begriff der „Knackigkeit“ wird erfunden, weil dies oft nur noch die einzige Qualität ist, mit der man die Äpfel bewerben kann. Seitdem die teilweise grandiosen Aromen der alten Sorten zusehends vergessen worden sind und die nachkommenden Sorten kaum noch etwas anderes als einen faden-süßlichen Einheitsgeschmack zu bieten haben, ist „Knackigkeit“ das Werbeschlagwort schlechthin geworden. Knackige Äpfel erzeugen kann jeder, er muss die Früchte nur zu früh pflücken und in ein teures Spezialkühllager packen.

Im 19. Jahrhundert wird des Öfteren kritisch angemerkt, eine Sorte sei eigentlich zu hart. Gelobt hingegen werden mürbfleischige Sorten. Da gruselt es natürlich den modernen Knackapfelliebhaber. Einzuwerfen ist aber, dass „mürbe“ nicht dasselbe wie „mehlig“ ist. Mehlig ist ein Apfel, wenn er durch zu lange Lagerung weich und fade wird. Mürbe sind manche Sorten, wie der Gelbe Richard schon dann, wenn ihre Reife beginnt. Es ist einfach eine Frage der naturgegebenen Fruchtfleischkonsistenz.
Für die Küche sind mürbfleischige Äpfel ein wahrer Segen. Moderne Knackäpfel sind hier zu kaum etwas zu gebrauchen.

Gewürzluiken – der Schwarm der Schwaben

Gut schaut er aus, der Gewürzluiken. „Gestalt mittelgroß bis groß, meist breit gebaut, teils rundlich. Größenverhältnis etwa 74 mm breit und 58 mm hoch. Hälften fast gleich. Querschnitt ziemlich rund, ohne Rippen und Kanten, hier und dort einige Erhebungen, die ganz flach auf der Kielfläche zur Stielfläche ziehen. Kelchfläche klein. Kelchsenkung schmal und sehr tief, regelmäßig geformt. Stielfläche breit, regelmäßig. Stielhöhle ziemlich klein und tief, gelbbraun berostet. Kelch geschlossen bis halboffen, klein. Blättchen sich berührend, hellbraun, stark gefaltet mit grauem Flaum. Kelchröre kurz, ebenfalls trichterförmig, verhältnismäßig breit, etwa ¼ zur Kernhausachse reichend … Stiel dünn, wenig oder gar nicht aus der Stielhöhle heraus-

ragend, hellbraun und grünlich, z. T. schwach flaumig. Schale glatt, fest, nicht fettig. Farbe in der Baumreife gelblichgrün, später strohgelb, zum größten Teile mit einem lebhaften, ungleichmäßigen und marmoriert aufgetragenen Rot verwaschen, in dem dunkle rote, scharf abgesetzte und ungleichmäßig verteilte, oft weit auseinanderliegende, kurze Streifen eingezeichnet sind. Rost nur in der Stielhöhle. Schalenpunkte zahlreich, dunkelgraubraun, deutlich erkennbar, oft ziemlich groß und dann unregelmäßig geformt. Geruch angenehm, kräftig. Fleisch weiß, fest, saftig, angenehm säuerlich, aber genügend süß ...
„Der Wert dieser Sorte liegt ... in ihrer sehr guten Brauchbarkeit für Wirtschaftszwecke", heißt es in „Deutschlands Obstsorten".

„Der Gewürzluiken hat keinen Knackeffekt, deshalb ist er ins Hintertreffen geraten", sagt Vincent Klink, Betreiber des Restaurants Wielandhöhe am Stuttgarter Fernsehturm und begeisterter Apfelkoch. „Er hat auch eine ziemlich dicke Haut, ist kein Essapfel, sondern besser für Kuchen, Chutneys und Kompott geeignet. Das Aroma ist extrem gut und stark. Ich liebe den Apfel deshalb, weil die exquisiteste Art Obst zu genießen nicht das Essen des rohen Apfels ist, sondern das Kompott, und ein besseres als von dieser Apfelsorte ist mir noch nie gelungen."

Historisch gesehen steht Vincent Klink mit seiner Vorliebe für Apfelkompott gar nicht so allein da. Im Mittelalter wurde davor gewarnt, Äpfel roh zu genießen, das könne zu Magenverstimmungen und sonstigen gesundheitlichen Schäden führen. Seinerzeit standen die Apfelbäume vor allem in den Gärten der Klöster, zwischen und neben vielen anderen Heilpflanzen, die man größtenteils auch nicht roh und zum Wohlgenuss zu sich nahm, sondern meist in den unterschiedlichsten Zubereitungen zur Bekämpfung von Krankheiten und zur Förderung des Gesundens.

Gewürzluiken ist ein Apfel Südwestdeutschlands, im Norden und Osten Deutschlands kommt er kaum vor. In Württemberg wird er bevorzugt in wärmeren Lagen angebaut, in höheren Lagen (über 500 m) und an kühlen, feuchten Standorten mit schweren Böden reifen die Früchte oft nicht aus und bleiben grobzellig und grasig. Hier werden die Jungtriebe oft von Spitzendürre und die Früchte von Schorf befallen.

Die Bäume bilden aufstrebende, weit ausladende Kronen, die nur in den ersten Jahren beschnitten werden müssen. Allerdings neigt das Holz zu ungewöhnlich starker Verästelung der Jungtriebe, sodass die Kronen sehr dicht und buschig werden können. Dadurch trocknet ihr Inneres natürlich nur schlecht ab, was Schadpilzen wie Schorf Vorschub leistet. Daher müssen die Kronen bei zunehmendem Alter des Baumes von Zeit zu Zeit durch das Entfernen ganzer Äste ausgelichtet werden.

Graue Renetten – nicht besonders schön, aber besonders lecker

Synonyme: Graue Herbstrenette – Coulons Renette – Osnabrücker Renette

Graue Renetten haben es nicht leicht, zu unmodern und unattraktiv erscheint dem modernen Apfelfreund ihr Äußeres. Im 19. Jahrhundert, da waren sie beliebt, da empfahlen die Planer von Chaussee-Baumpflanzungen, bei der Sortenauswahl graue Renetten zu bevorzugen, deren Früchte seien im grünen Blattwerk der Bäume nicht so leicht zu entdecken und würden daher von Passanten nicht so leicht gestohlen. Heute könnten sie ruhig an Chausseen stehen, ihre graugrüne, oft auch noch raue Schale macht sie für den modernen Apfelfan so unattraktiv, dass kaum einer sie beachten würde. Dabei sind viele von ihnen vom Geschmack her durchaus interessant gewürzt, aber das sieht man ihnen ja nicht an.

Die Graue Herbstrenette ist wohl die am frühesten genießbare unter den grauen Renetten. Sie ist oft schon Ende September reif, was sich daran zeigt, dass die grüne Farbe ihrer festen lederartigen Schale leicht ins Gelbliche umfärbt und die Frucht dem Druck einer Hand ein wenig nachgibt. Die Frucht hat ein schönes kräftiges Renetten-Aroma und wenig Säure, weswegen sie früher gern zur Herstellung von Apfelkraut benutzt wurde. „Sie lässt sich in der Küche vielseitig und vorzüglich verwerten“ (Deutschlands Obstsorten).

Coulons Renette entstand 1856 in Lüttich und ist sozusagen die belgische Schwester des gleichzeitig entstandenen holländischen Boskoop. Coulons Renette wurde bis zum zweiten Weltkrieg bei uns an der Niederelbe recht häufig angebaut und später, als ihn kaum jemand mehr kannte, auch oft als grüner Boskoop verkauft. Dabei ist er bei genauerem Hinsehen durchaus von jenem unterscheidbar: die Früchte sind etwas flacher und gleichmäßiger rund, ohne Höcker um die Stielgrube, meist dunkler im Grün und stärker braun berostet, die Bäume tragen regelmäßig Jahr für Jahr und eignen sich wegen ihrer wenig frostempfindlichen Blüte auch noch für moorige Standorte. Die Früchte sind etwas milder als der Boskoop und halten sich nicht ganz so lange. Sie sind durchaus als Tafeläpfel zu gebrauchen, eignen sich aber auch gut zum Keltern, zum Backen und für Apfelmus.

Die (Graue) Osnabrücker Renette ist eine der nur noch wenig bekannten Sorten aus der Sippschaft der grauen Renetten. Dabei ist sie seit sehr langer Zeit bekannt und schon 1807 vom hessischen Pomologen August Friedrich Adrian Diel beschrieben worden. Diel bezeichnet sie als Frucht „noch vom ersten Rang ... Das Fleisch ist schön weiß, sehr fein, markicht, saftvoll und von einem angenehmen, fein einschneidenden weinsäuerlichem Geschmack ... Die Grundfarbe der rauh anzufühlenden Schale ist ein helles Grasgrün, welches im Winter Hellgelb wird, und wobei die Sonnenseite, doch oft nur auf einer kleinen Stelle, mit einem blutartigen Roth verwaschen ist, in welchem man noch mehrere kleine, etwas dunklere Streifen bemerkt. Außerdem ist aber der größte Theil, und oft fast die ganze Schale mit einem zimmtfarbigen rauhen Rost überzogen ...“

Die Frucht ist von Dezember bis März genussreif und als säuerlich-würziger Tafelapfel, aber auch gut als Back- und Bratapfel verwendbar. Auch Jan ten Doornkaat Koolman (1815 bis 1889) lobt die Osnabrücker Renette: „Der Baum wächst sehr lebhaft, bildet eine große, hochkugelige, etwas lockere Krone mit starken Aesten, ist hart und unempfindlich gegen Witterung und Klima und etwas herangewachsen auch sehr fruchtbar.“ Koolman hatte von seinem gleichnamigen Vater, der aus politischen und religiösen Gründen die niederländische Provinz Groningen verlassen und sich in der ostfriesischen Stadt Norden niedergelassen hatte, eine florierende Brennerei übernommen. Aber anscheinend fühlte er sich mit derart profanen Geschäften nicht ausgelastet. Er hielt Vorträge zu landwirtschaftlichen Themen und war jahrelang im Vorstand des Hannoverschen Pomologenvereins.
In seinen „Pomologischen Notizen“ finden sich Beschreibungen und Bewertungen von 287 Apfel- und 182 Birnensorten, die er unter den harten Bedingungen des rauen Nordseeklimas auf ihre Anbaueignung testen wollte. Viele binnenländische Sorten machten sich unter diesen Bedingungen nicht gut („verlangt wohl südlichere Lage“, „verlangt anscheinend mehr Wärme“, „Früchte schlagen im Wind leicht ab“). Was sich nicht bewährt, wird wieder „cassiert“ und umveredelt. Sein „pomologisches Hauptquartier“ war ein mehrere Hektar großer Obstgarten südlich der Stadt Norden bei Nadörst, der heute noch im Volksmund „die Pomologie“ heißt, obwohl es nur noch ein Nadelwäldchen ist: der letzte von ten Doornkaats Obstbäumen ist vor wenigen Jahren an Altersschwäche eingegangen.

Herzog von Cumberland – ein Herzog aus Hannoverland

Den ersten Apfel dieser Sorte traf ich vor etwa 25 Jahren auf der Stader Geest mitten im Elbe-Weser-Dreieck. Der Besitzer, der das Gehöft erst kurz zuvor gekauft hatte, kannte den Namen des Apfels nicht und auch ich hatte ihn noch nie zuvor gesehen. Eine etwas abgeflacht runde Frucht, gelb mit kräftigen dunkelroten Streifen, fast wie ein zu platt geratener Altländer Pfannkuchenapfel. Diese Sorte konnte es aber nicht sein, denn Altländer Pfannkuchen sind richtige Winteräpfel, die man bis zum Frühling hin aufbewahren kann. Dieser Apfel ließ sich jedoch kaum bis Weihnachten lagern. Die Besitzer meinten, dies sei kein besonders guter Essapfel, zu sauer, zu wenig Aroma, sie würden ihn immer in die große Mostapfelmischung tun.

Der Apfel tauchte immer mal wieder in der Region auf, und irgendwann nannte mir eine alte Bauersfrau dann den Namen, an den sie sich erinnerte: Herzog von Cumberland. Ein besonderer Essapfel sei das nicht, aber das Apfelmus daraus sei lecker und als Backapfel sei er auch sehr gut.
Wie kam denn dieser Engländer in unser norddeutsches Flachland?

Dass wir Norddeutschen oft anglophil sind, hat wohl seine Ursachen nicht nur in einer verwandten Charakter- und Gemütsstruktur. Wir sind schließlich von altersher wirklich verwandt, die alten Angelsachsen sind ja aus der Region beiderseits der Elbmündung mal auf die britischen Inseln ausgewandert. Aber man braucht gar nicht bis ins frühe Mittelalter zurückzugehen, es finden sich auch jüngere Verknüpfungen. Die Könige von Hannover gelangten um 1714 auf den englischen Thron, verlegten den Regierungssitz bald schon nach London und verwalteten bis 1837 die alte Heimat Hannover von England aus quasi als überseeische Provinz.

Das zur Weltmacht aufstrebende England war um 1800 herum ein Zentrum des Fortschritts auf vielen Gebieten, vor allem auch im Bereich der Landwirtschaft. So blickte man von Norddeutschland aus denn mit großem Interesse auf alles, was dort auf diesem Sektor geschah und versuchte, an den Neuerungen teilzuhaben. Das erklärt zum Beispiel, weswegen die von 1785 bis 1834 florierende Baumschule des Rentmeisters Üllner in Alt-Luneberg (knapp 20 km östlich von Bremerhaven) in einem erhaltenen Katalog von 1803 unter 67 Apfelsorten 17 mit englischem Namen aufführt: Winter Pearmain, Royal Pippin, Stone Pippin, Ten Shillings Apple etc. Man war auf der Höhe der Zeit und importierte angesagte neue Sorten von jenseits des Ärmelkanals.

War der Herzog von Cumberland auch solch ein eingewanderter Engländer? Ich nahm Kontakt auf zum Brogdale Horticultural Trust in Faversham in der Nähe von Canterbury. Dort gibt es mit etwa 1600 Apfelsorten die größte Sortensammlung der britischen Inseln. Aber einen Duke of Cumberland kannte man dort nicht. Nur als Name eines edlen großen Hotels war der Herzog in der Grafschaft Kent zu finden. Durch Zufall kam ich später auf die richtige Spur: Unser Welfenprinz in Hannover hatte sich gerade mal wieder daneben benommen. In meiner Tageszeitung las ich einen längeren Artikel darüber, in dem es unter anderem hieß, unser Ernst-August habe sich darauf besonnen, dass ihm aus der Zeit der Personalunion Hannover – London noch der Titel „Herzog von Cumberland“ zustünde und als solcher säße er jetzt auch im englischen Oberhaus.

Da fiel bei mir der Groschen: Herzog von Cumberland war gar keine englische, sondern eine hannoversche Apfelsorte. Welfentreue Untertanen hatten eine regionale Apfelsorte nach ihrem Herrscherhaus benannt, das sich nach der Verjagung durch die preußischen Eroberer nicht mehr „König von Hannover“, wohl aber noch „Herzog von Cumberland“ nennen durfte. Obwohl die letzten regierenden Könige von Hannover fortschrittsfeindliche, erzkonservative Unsympathen gewesen waren, hingen viele Menschen im Land Hannover nach der Degradierung ihrer Heimat zur preußischen Provinz bis weit ins 20. Jahrhundert treu dem alten Herrschaftshaus der Welfen an, nannten ihre Söhne – wie die Welfen es gern taten – Georg oder Ernst-August, aßen mit Vorliebe eine Weinschaum-Crème in den Farben gelb-weiß, den Farben des alten Königshauses, und pflanzten Apfelbäume der Sorte Herzog von Cumberland.

Doch zurück zum Apfel. Er sieht lustig aus mit seinen leuchtend roten Streifen auf gelbem Untergrund. Er sieht leckerer aus, als er roh schmeckt. Ich liefere ihn im Herbst wochenlang an die Bio-Bäckerei Backland in Hamburg-Wandsbek. „Ein richtig guter Backapfel ist das“, sagt der Backstubenleiter Elmar Petschke. „Kräftig im Geschmack, säuerlich auf dem süßen Kuchenteig, fest in der Form und nicht so schnell braun anlaufend.“

Nachtisch

Die Rezepte sind für 4 Personen berechnet. Ausnahmen sind angegeben.

Kaiserschmarrn mit Apfelkompott

von Vincent Klink

FÜR 2 PERSONEN

FÜR DAS KOMPOTT
½ unbehandelte Zitrone,
mit Schale in Scheiben schneiden
125 ml Apfelsaft
1 Zimtstange
1 EL Zucker
3 Äpfel (Boskoop),
schälen und in Spalten schneiden
½ TL Speisestärke
1 – 2 EL Preiselbeeren aus dem Glas

FÜR DEN TEIG
250 ml Milch
250 g Mehl
Salz
3 Eier, *trennen*
100 g süße Sahne
1 TL flüssige Butter
25 g (2 EL) Zucker
3 EL Butter
Puderzucker
30 g Mandelblättchen
1 EL Rosinen

Zitronenscheiben mit Apfelsaft, Zimtstange, Zucker und Apfelspalten in einen Topf geben, aufkochen und ca. 5 Minuten köcheln lassen. Zitrone und Zimtstange entfernen.

Speisestärke mit 1 EL Wasser verrühren, zum kochenden Apfelkompott geben. Bei mittlerer Hitze 2 bis 3 Minuten kochen lassen. Vom Herd nehmen und die Preiselbeeren unterrühren.

Milch mit Mehl und Salz in einer Schüssel mischen. Eigelbe verquirlen und unter die Milch-Mehl-Mischung rühren. Sahne, 1 TL flüssige Butter und Zucker untermischen. Die Eiweiße steif schlagen, unter den Teig heben.

2 EL Butter in einer Pfanne erhitzen. Den Teig hineingießen und bei mittlerer Hitze auf der Unterseite goldbraun backen. Den Pfannkuchen wenden, restliche Butter zugeben und auf der anderen Seite backen. Dann mit zwei Gabeln in Stücke reißen, etwas Puderzucker darüberstäuben und unter Wenden rundum kurz braten.

Die Mandelblättchen in einer zweiten Pfanne ohne Fett rösten, mit den Rosinen unter den Schmarrn mischen. Mit Puderzucker bestäuben und mit dem Apfelkompott servieren.

Dieses Rezept (wie auch das auf Seite 90) bekam ich von Vincent Klink, dem multitalentierten Betreiber des Stuttgarter Restaurants „Wielandhöhe“, mit dem zusammen ich mehrfach im ARD-Buffet in Baden-Baden auftreten durfte.

Apfel-Quarkspeise

400 g Magerquark
80 ml Milch
1 EL Apfelsaft
15 g Zucker
300 g Äpfel (Kaiser Wilhelm),
schälen und fein würfeln
1 EL Zitronensaft

Quark mit Milch und Apfelsaft glatt rühren. Den Zucker zugeben. Die gewürfelten Äpfel mit dem Zitronensaft beträufeln, gut durchmischen und unter die Quarkmasse heben. In vier Schälchen verteilen und gut gekühlt servieren.

Apfelgrütze

4 Blatt Gelatine
1 EL Butter
350 g Äpfel (Borsdorfer),
schälen und fein würfeln
40 g Zucker
gemahlener Zimt
400 ml Apfelsaft
100 g süße Sahne
30 g Zucker

Gelatine nach Packungsanweisung einweichen. Butter in einer Pfanne schmelzen, die Apfelwürfel darin 3 bis 4 Minuten andünsten. Zucker mit Zimt mischen, einstreuen und die Äpfel unter Rühren karamellisieren. Den Apfelsaft langsam zugießen und alles erhitzen.

Die ausgedrückte Gelatine in die heiße Flüssigkeit einrühren. Die Apfelgrütze in vier Schälchen füllen, abkühlen lassen und in den Kühlschrank stellen. Sahne mit Zucker steif schlagen und die Apfelgrütze vor dem Servieren damit garnieren. Etwas Zimt darüberstäuben. *(Foto rechts unten)*

Apfelragout

2 Blatt Gelatine
½ Vanilleschote
200 ml Apfelsaft
1 EL Zucker
1 Zimtstange
2 Äpfel (Kaiser Wilhelm), *fein würfeln*

Gelatine nach Packungsanweisung einweichen. Vanilleschote längs halbieren und das Mark herauskratzen. In einem kleinen Topf den Apfelsaft mit Zucker, Zimtstange, Vanillemark und -schote bei milder Hitze langsam aufkochen. Die Apfelwürfel hinzufügen und 3 bis 4 Minuten bissfest garen, Zimtstange und Vanilleschote entfernen. Die Gelatine ausdrücken und in die heiße Flüssigkeit einrühren und darin auflösen. Das Ragout in eine große Schale füllen, abkühlen lassen und zum Festwerden in den Kühlschrank stellen. *(Foto rechts oben)*

Beschwipste Bratäpfel von Georg Schenk

FÜR 6 PERSONEN

65 g Sultaninen
350 ml Rotwein
frisch geriebene Muskatnuss
gemahlener Zimt
60 g Zucker

abgeriebene Zitronenschale
6 gleich große Äpfel (Gewürzluiken)
3 EL Butter

flache Auflaufform
Fett für die Form

Sultaninen mit Wein, Muskatnuss, Zimt, Zucker und Zitronenschale 1 Stunde durchziehen lassen. Den Backofen auf 190 °C (Umluft 170 °C) vorheizen.

Die Äpfel ungeschält mit einem Apfelausstecher vom Kerngehäuse befreien, dabei nicht durchstechen.

Sultaninen aus dem Wein nehmen, den Wein aufbewahren. Die Sultaninen in die ausgehöhlten Äpfel füllen, mit je 1 bis 2 TL Wein-Gewürz-Marinade auffüllen und mit Butterflöckchen belegen.

Die Auflaufform einfetten und die gefüllten Äpfel in die Form setzen, den Wein angießen. Die Äpfel ca. 40 bis 50 Minuten backen und heiß servieren. *(Foto rechts)*

Süße Apfelrösti von Georg Schenk

50 g Rosinen
100 g Butter
250 g trockenes Brot,
in dünne Scheiben schneiden

5–6 mittelgroße Äpfel (Ausbacher Roter),
in dünne Spalten schneiden
100 g Zucker
100 ml Apfelsaft oder Apfelwein
gemahlener Zimt

Die Rosinen mit lauwarmem Wasser bedecken und einweichen. 50 g Butter in einer Pfanne schmelzen. Brot und Äpfel hineingeben und zugedeckt 10 Minuten dünsten.

Die übrige Butter nach und nach unterrühren. Mit dem Zucker bestreuen und die Apfel-Brot-Mischung karamellisieren.

Apfelsaft oder -wein langsam zugießen. Die eingeweichten Rosinen abgießen und unterrühren. Apfelrösti mit gemahlenem Zimt abschmecken.

Diese Rezepte überließ uns unser Dresdener Freund Georg Schenk, der Betreiber der Edeldestillerie „Augustus Rex".

Karamellisierte Äpfel von Vincent Klink

2 EL Butter
2 Äpfel (Gewürzluiken),
in dicke Spalten schneiden
2 EL Zucker
125 ml Apfelsaft
Zitronensaft
40 ml (4 cl) Apfelschnaps

Butter in einer Pfanne zerlassen. Apfelspalten bei mittlerer Hitze darin von beiden Seiten 3 bis 4 Minuten anbraten. Hitze reduzieren, den Zucker einstreuen und 1 bis 2 Minuten unter gelegentlichem Wenden weiterbraten, bis der Zucker geschmolzen ist und die Apfelstücke karamellisiert sind.

Den Apfelsaft zugießen und offen einkochen, bis ein zähflüssiger Sirup entstanden ist. Zitronensaft zugeben, erneut einkochen lassen. Dann den Schnaps zugeben und so lange erhitzen und die Pfanne schwenken bis der entstandene Sirup die Äpfel vollständig überzogen hat. Schmeckt auch sehr gut mit Vanilleeis und geschlagener Sahne.

Kehdinger Schichtdessert von Käthe Meyer

FÜR 6 BIS 8 PERSONEN

500 g Äpfel (Ausbacher Roter),
schälen und in grobe Stücke schneiden
500 g Kürbis, *würfeln*
abgeriebene Schale von
1 unbehandelten Zitrone
1 Vanilleschote
100 g Zucker
¼ TL Zimt
Salz
gemahlener Ingwer
2 EL Obstbrand (Williams-Christ)
1 Scheibe trockenes Schwarzbrot
1 TL Zucker
200 g süße Sahne
1 EL Pistazien, *gehackt*

Äpfelstückchen mit etwas Wasser zu Apfelmus kochen. Den Kürbis mit dem Zucker und den Gewürzen zu Mus kochen und abschmecken. Apfelmus mit Kürbismus verrühren und mit Obstbrand abschmecken. Das Mus auf sechs bis acht Gläser verteilen.

Das Schwarzbrot grob zerbröseln und ohne Fett in einer Pfanne 4 Minuten anrösten. 1 TL Zucker einstreuen und die Brösel unter Rühren karamellisieren. Vom Herd nehmen, abkühlen lassen. Die Sahne steif schlagen und auf das Kürbis-Apfel-Mus geben. Mit Schwarzbrotbröseln und gehackten Pistazien bestreuen. *(Foto rechts)*

„Die Schwarzbrotschicht steht für das Kehdinger Moor, die gelbe Kürbis-Apfel-Schicht für die Rapsfelder der Marsch, die weiße Sahne für die Sandstrände an der Elbe und die grünen Pistazien für die Wiesen Kehdingens.“ Käthe Meyer, Kehdinger Landhotel

Apfel-Eis

500 ml Milch
1 Päckchen Vanillezucker
1 Messerspitze Zimt
2 EL Honig
7 Eigelb Größe M
100 g Zucker
250 ml Sahne
4 Äpfel (Berlepsch),
in 1,5 cm dicke Scheiben schneiden
Saft einer Zitrone
400 ml Apfelwein
4 EL Grenadinesirup

Milch mit Vanillezucker und Zimt aufkochen, danach 10 Minuten ziehen lassen. Den Honig unterrühren. Eigelb mit Zucker verrühren bis es cremig wird, unter die warme Milch ziehen, schaumig aufschlagen und abkühlen lassen.

Die Sahne steif schlagen und unterheben. Das Ganze in eine flachen Schale 5 bis 10 Minuten ins Gefrierfach geben.

Das Gehäuse aus den Äpfeln herausstechen. Die Äpfel in 1,5 cm dicke Scheiben schneiden und mit Zitronensaft beträufeln. Wein und Sirup mischen und die Äpfel etwa 5 Minuten darin kochen, abkühlen lassen.

Das Eis in 4 Portionen aufteilen, die Äpfel daraufverteilen und mit dem Wein-Sirup beträufeln.

Pfannkuchen mit Apfelkompott

FÜR DAS KOMPOTT
500 g Äpfel (Herzog von Cumberland), *würfeln*
1 Messerspitze Zimt
1 Sternanis
50 g Zucker
200 ml Apfelsaft

FÜR DIE PFANNKUCHEN
120 g Vollkornmehl
Salz
125 ml Milch
125 ml Wasser
1 Ei Größe M
2 EL Öl

Apfelwürfel mit Zimt, Anis und Zucker etwa 5 Minuten in dem Apfelsaft kochen.

Das Mehl mit Salz, Milch, Wasser und dem Ei zu einem glatten Teig verrühren und ca. 30 Minuten quellen lassen. Im heißen Öl zu 4 Pfannkuchen ausbacken und mit dem Kompott gefüllt servieren.

Jacob Lebel.

Hilde – der unverwüstlich langlebige Apfel des Dr. Griemsmann

Man kommt ja irgendwie ins Grübeln, wenn man sieht, dass dieser harte, saure, roh ungenießbare Apfel vom Hadelner Obstbauberater Dr. Griemsmann nach seiner Frau Hilde benannt wurde. Benennen durfte er ihn, denn dieser Apfel hatte noch keinen Namen, er war in Griemsmanns Baumschule aus einer vergessenen Veredelungsunterlage aufgewachsen, also ein Sämling, der eigentlich selber nie eigenständiger Apfelbaum werden, sondern nur den bewurzelten Unterstamm einer Veredelung stellen sollte. Irgendwie war er beim Veredeln übersehen worden, und so kam es, dass Griemsmann auf ihn aufmerksam wurde.

Was für ein Apfel! Groß, länglich, mit glatter grüner Schale, auf der Sonnenseite leicht gerötet, aber steinhart und sauer. Griemsmann dachte, das sei eben ein typischer Winterapfel, da müsse man nur die Zeit abwarten bis er etwas weicher und süßer und somit genießbar würde. Griemsmann wartete den Winter hindurch, der Frühling kam und ging, doch Hilde blieb hart und ungenießbar sauer.

Es wurde Sommer, Spätsommer und die ersten neuen Früchte würden bald reifen, Griemsmann hatte seine Hilde, ich meine den noch unbenannten neuen Apfel, fast vergessen und fand ihn nun beim Aufräumen des Obstlagers. Der Apfel hatte den Sommer gut überstanden, sein Grün war mittlerweile in ein freundlicheres Gelb umgefärbt und die rote Deckfarbe war kräftiger und ausgeprägter geworden. Er war immer noch herzerfrischend sauer, aber immerhin konnte man nun den Apfel anbeißen, ohne dass man um seine Zähne fürchten musste. „Der hat etwas, dieser Apfel", dachte Dr. Griemsmann, „der hat etwas von meiner Frau. Ich werde ihn Hilde nennen." So könnte es gewesen sein.

Wie es in Wirklichkeit war – wir werden es nie mehr erfahren. Dr. Griemsmann ist schon lange von uns gegangen. Hilde Griemsmanns Andenken aber lebt in einem Apfel fort. „Wozu braucht man nun solch einen harten sauren Apfel", werden Sie fragen. Griemsmann wusste, wer solche Äpfel brauchte: die Apfelsaftindustrie. Die klagte nämlich schon seit Jahren, sie könne aus dem immer süßer werdenden Apfelsortiment des Erwerbsobstbaus keinen ausgewogen harmonisch schmeckenden Direktsaft mehr machen, ein saurer, Massen tragender Mostapfel müsse her. Da kam Hilde wie gerufen.

Aus harmlos süßen Tafeläpfeln kann man keinen interessanten Saft herstellen. Der Saft hätte kein Profil und würde labberig und flau schmecken. Gute, überzeugende Apfelsäfte stammen meist aus den kunterbunten Sortenmischungen der Streuobstwiesen. Wenn die Mischung nicht einseitig durch süße oder saure Sorten dominiert wird, wenn die Äpfel am Baum ausreifen dürfen, wenn die Früchte sauber und ohne größere Schlag- und Rottstellen in die Presse kommen, dann wird der entstehende Apfelsaft vorzüglich lecker sein.

Interessant sind auch sortenreine Apfelsäfte. Manche Sorten liefern wunderschön harmonische Säfte: milde (wie der Cox Orange), herzhafte (wie der Finkenwerder Herbstprinz) oder kräftig säuerliche (wie der Boskoop). Entscheidend ist, dass das Zucker-Säure-Verhältnis ein harmonisches ist, ob die Süße oder die Säure vorherrschen soll, ist Geschmackssache. Generell gilt bei der Apfelsaftbereitung: je weniger mit dem Saft angestellt wird, desto besser bleibt er. Jeder (überflüssige) Verarbeitungsschritt mindert die Qualität. Wird der Saft zum Konzentrat eingedampft und aus diesem dann später – meist viele, viele Kilometer entfernt – mit Wasser wieder zur Trinkbarkeit verdünnt, ist die ganze frische Natürlichkeit des Getränkes dahin.

Wenn Sie Ihre Äpfel mit einer Haushaltsmaschine kalt entsaften, entsteht das Wertvollste und Leckerste, was Sie an Apfelsaft bekommen können, da kein Inhaltsstoff durch Erhitzen zerstört wird und das Aroma voll erhalten bleibt. Bei der Saftgewinnung durch den Dampfentsafter leiden die Vitamine und das Aroma verändert sich: bei Erhitzung über 90 °C verschwindet die leckere Frische des Apfelsaftes und der sogenannte „Kochgeschmack" entsteht, der den Saft wie flüssiges Apfelmus schmecken lässt.

Holsteiner Cox – Johannes Vahldieks Verbesserung des Cox Orange

Mit dem Holsteiner Cox nähern wir uns einer der edelsten Apfelsippschaften in der Geschichte der Pomologie. Schon sein Großvater, der Ribston Pepping, galt als einer der wertvollsten Äpfel seiner Zeit. Er soll 1688 aus Kernen einer Apfelsorte aus der Normandie gezogen worden sein und entstand im Schlossgarten von Ribston Castle in der Nähe von Knaresborough in der nordenglischen Grafschaft Yorkshire.

Aus einem Kern des Ribston Pepping zog Richard Cox in Buckinghamshire um 1825 den Cox Orange Pippin, bei uns bekannt als Cox Orange(nrenette), der ab 1850 von der Baumschule Smale & Sons verbreitet wurde. Kurz vor 1900 machte sich der Eutiner Maler und Obstzüchter Johannes Vahldiek an seiner „Verbesserung des Cox Orange" und zog aus 10 Kernen der Muttersorte Sämlinge heran, von denen „Vahldieks Sämling Nr. 3" später als Holsteiner Cox Karriere machen sollte.

Warum meinte Vahldiek den Cox Orange verbessern zu müssen? Er war doch schon ein überaus edler und beliebter Tafelapfel. Er war derart geschätzt, dass man ihm in den 30er Jahren des 20. Jahrhunderts, als er in Deutschland begann, größere Verbreitung zu finden, bei der Einteilung der Äpfel in Qualitäts-Güteklassen oberhalb der obersten Güteklasse I eine „Sonderklasse Cox Orange" einrichtete. Ja, der Erwerbsobstbau kam mit dem Cox Orange wohl zurecht, aber den Haus- und Hobbygärtnern machte er – und macht er bis heute – erhebliche Probleme. Schon die Muttersorte Ribston Pepping liebt guten, etwas feuchten, tiefgründigen, tonigen Boden und verlangt nach der Luftfeuchtigkeit des Seeklimas; die Tochter Cox Orange stellt noch höhere Ansprüche an Boden, Klima und Pflege und ist am besten in der Intensivbetreuung des Erwerbsostbaus aufgehoben. Erhält sie nicht, was sie braucht, reagiert sie mit Kleinfrüchtigkeit oder gar Ernteausfall, mit Krankheiten wie Krebs- und Schorfbefall.

Das brachte Vahldiek auf die Idee, man müsse diese (von ihm sehr geliebte) zimperliche, höhere englische Tochter mit einem robusten norddeutschen Landeskind zusammenbringen, das könnte vielleicht die Ideallösung ergeben. Wie „Vahldieks Sämling Nr. 3", der heutige Holsteiner Cox zeigt, lag der Eutiner Obstzüchter gar nicht falsch. Herausgekommen ist eine robuste Cox-Variante mit einem sehr würzigen, saftigen Herbstapfel, kräftiger und etwas säuerlicher im Geschmack als die Muttersorte, die zarter und dezenter gewürzt daherkommt. In der Sonne oben in der Baumkrone voll ausgereifte Früchte – die man leider kaum je auf dem Markt zu kaufen bekommt – sind für mich in ihrem Optimum qualitativ unübertrefflich, dafür lass ich sogar die Mutter und die Großmutter stehen.

Ganz unproblematisch im Anbau ist auch der Holsteiner Cox nicht. „Holsteiner Cox trägt nur gut auf Holsteiner Cox-Böden“, las ich einmal in einer Fachzeitschrift. Was bedeutet das? Gemeint ist wohl, dass der Holsteiner Cox am liebsten den Boden seiner ostholsteinischen Heimat hat, nicht zu trockenen lehmigen Sand oder sandigen Lehm. Auf starke Sämlingsunterlagen veredelt wächst er sehr kräftig, vor allem auch in die Breite und vergisst leicht bei lauter Holzproduktion das Erzeugen von ernst zu nehmenden Mengen von Tafelobst. Wenn der Boden nicht gar zu leicht und dürftig ist, sollte man ihn lieber auf nicht so starkwüchsige Unterlagen veredeln. Auch der Holsteiner Cox kann von Baumkrebs befallen werden, aber das bringt ihn nicht um.

Es gibt mittlerweile mehrere rote Mutanten des Holsteiner Cox, die jetzt das Apfelangebot dieser Sorte dominieren – Rot ist schließlich derzeit die Modefarbe bei Äpfeln. Mir persönlich schmeckt allerdings immer noch das gelbe Original am besten, das ja mit seinen ziegelroten Bäckchen auch sehr attraktiv aussehen kann.

Gut bedient ist der Hausgärtner mit einer anderen Cox-Tochter: Alkmene, 1930 in der Obstversuchsanstalt im brandenburgischen Müncheberg aus einer Kreuzung von Cox Orange mit Geheimrat Dr. Oldenburg entstanden und etwa seit 1960 in Deutschland verbreitet. Diese nicht allzu starkwüchsige Sorte ist nicht anspruchsvoll an Boden und Klima und bringt auch ohne den sogenannten „Pflanzenschutz“ schöne rotbackige, zwar nur bis Ende Oktober lagerbare, aber leckere Früchte mit cox-ähnlichem Aroma hervor.

Betrachtet man die Entwicklungen auf dem Obstmarkt, so scheint die Zeit für Cox und Cox-Verwandte langsam abzulaufen. Zwei Gründe spielen eine Rolle: zum einen lässt die Erwärmung im Rahmen des Klimawandels Standorte wie z. B. das Bodenseegebiet für Cox & Co. allmählich ungeeignet werden. Zum anderen fallen diese Sorten langsam dem ständig zunehmenden Ertragsdruck auf der Erzeugerseite zum Opfer.

Jakob Lebel – ein bestens assimilierter Franzose für alle schwierigen deutschen Standorte

Ich stehe mit meinem Apfelstand auf einem norddeutschen Apfeltag. Ein älteres Ehepaar nähert sich einer Kiste mit dicken gelben Äpfeln. „Kiek, dor is he jo, uns Jokob Lepel", ruft er erfreut seiner Frau zu. Und zu mir gewandt: „Dat is jo nu mol `n Appel mit `n richtig schönen plattdüütschen Noom, de Jokob Lepel." „Nee, nee", muss ich ihn leider korrigieren, „dat is keen Jokob mit `n Lepel (Löffel), de is na'n Franzosen benöömd, de heet Jakob Lebel, Jacques Lebel in'n Originol."

Der Obstzüchter Jacques Lebel fand diese Sorte um 1825 in Amiens, Nordfrankreich. Ab 1849 wurde sie in den Handel gebracht. In Deutschland wurde sie bald sehr beliebt, denn diese robust-vitale Sorte gedeiht bei uns noch an sumpfig-feuchten, sauren Moorstandorten, wo fast alle anderen Apfelsorten längst kapitulieren. Und aus der Schweiz wird berichtet, dass sie auch in Höhenlagen von 900 Metern noch wächst.

Auf unseren schweren Tonböden bleiben die großen Früchte meist einfarbig gelb, höchstens ein paar kleine zaghafte Ansätze zu Streifen roter Deckfarbe finden sich. Auf den leichten Sandböden der benachbarten Geest sind die Früchte oft über und über mit diesen roten Streifen bedeckt, sodass sie kaum noch Ähnlichkeit mit ihren Schwestern aus der Marsch haben. Man sagt, die starke Ausbildung roter Deckfarbe sei die Folge von Mangelerscheinungen in der Nährstoffversorgung.

Alle zwei Jahre hängen die Bäume bei mir brechend voll – in den Jahren dazwischen findet man kaum eine Frucht auf ihnen. Ein sehr konsequentes Alternieren. Die Früchte werden im September reif und sind nicht sehr lange lagerbar, höchstens bis zum November. Alle Früchte überziehen sich im Lager bald mit einer dicken „Fett"schicht, die den Apfel vor dem Schrumpeln und Verwelken schützt. Man kann ihn dann auch durchaus roh essen, er ist sehr saftig, milde säuerlich, aber nicht besonders aromatisch.

Seine wahren Qualitäten aber entfaltet er als Wirtschaftsapfel, und zwar auf allen Feldern der „häuslichen Oeconomie", wie man im 19. Jahrhundert sagte. Er ist ein Apfel, der beim Kochen zu einem schön ebenmäßigen Mus zerfällt; er liefert beim Keltern stattliche Ausbeuten an Saft; er ist ein hervorragender Backapfel, der saftig ist, aber in Form bleibt.

Wenn man die alten Obstsorten erhalten möchte, muss man den Menschen in Erinnerung rufen, welch überragende Essensgenüsse ihnen verlorengehen, wenn wir bestimmte Zutaten zu traditionellen Gerichten nicht mehr zur Verfügung haben, weil die alten Sorten, die früher immer dazu gehörten und das Gericht erst wahrhaft göttlich schmecken ließen, nicht mehr da sind. „Schutz durch Nutzung“ scheint mir das effektivste Konzept zu sein, alte Sorten zu erhalten. Wenn genügend Menschen aus wohlverstandenem Eigensinn an der Nutzung alter Sorten festhalten, weil sie auf deren Genuss nicht verzichten mögen, dann werden diese Sorten auch weiter angebaut werden und nicht untergehen.

Nur ist das Wissen um die Qualitäten der alten Sorten vielfach verloren gegangen, weil es diese Äpfel schon jahrzehntelang nicht mehr im Handel gibt. Manch einer erinnert sich aber noch an den Duft und an das Aroma von „Omas Apfelkuchen“. Hier gilt es anzuknüpfen, sagten sich die Leute vom BUND im westfälischen Lemgo. Sie kümmern sich schon seit vielen Jahren um die Erhaltung ihrer schönen alten Streuobstwiesen im Ort und haben sehr viele Informationen über alte Obstsorten im Internet zugänglich gemacht (www.BUND-Lemgo.de). Im Herbst 2009 schufen sie das Projekt „Omas Apfelkuchen lebt wieder auf“. Die schönen schmackhaften Äpfel ihrer Streuobstwiesen sollten nicht immer nur roh gegessen oder zu Apfelsaft verarbeitet werden, gemeinsam mit dem „Kleinen Café“ in Lemgo wollten sie die Menschen auch auf die hervorragenden Qualitäten mancher Sorten als Backäpfel hinweisen. So gab es nicht mehr nur einfach „Apfelkuchen“, sondern „Omas duftenden Apfelkuchen“ von täglich wechselnden Sorten wie Jakob Lebel, Dülmener Rosenapfel, Boskoop. „Das kam richtig gut an“, erzählt Heike Bergmann vom „Kleinen Café“. „Jakob Lebel und Boskoop waren die Renner, aber auch andere alte Sorten fanden schnell Liebhaber. Die Leute waren begeistert und fragten, was es wohl am nächsten Tag für einen Apfelkuchen gäbe …“. Ein Rezept für den Apfelkuchen aus dem Café finden Sie in diesem Buch auf Seite 114.

Kaiser Wilhelm – die grandiose Marketingidee des Lehrers Hesselmann aus Witzhelden bei Solingen

Die Pomologie war auch immer schon ein Spiegelbild des Zeitgeistes. Die Namen der neu gezüchteten und also auch neu zu benennenden Obstsorten spiegeln wider, wes Geistes Kind die Obstzüchters sind und wie der Zeitgeist selber „tickt".

Die alten Lokalsorten hatten früher oft bäuerlich derbe, konkret anschauliche Namen; Äpfel hießen Schafsnasen, Katzenköpfe, Jungfern- oder Nonnentitten, Birnen Froschschenkel oder Kuhfuß, Pflaumen Eierpflaumen, Hengstenklöten oder Hammelsäcke. Die pomologischen Bildungsbürger im 19. Jahrhundert hatten natürlich feinere Namen für ihr Obst: Corwalliser Nelkenapfel, Schlesischer Lehmapfel, Sibirischer Glasapfel oder Virginischer Rosenapfel. Nach dem siegreichen Krieg von 1870/71 war die jahrhundertelange Zersplitterung Deutschlands vorbei und es gab wieder einen Kaiser, Wilhelm I. Klar, dass sich die Monarchie-Begeisterung der aufblühenden Gründerzeit auch in der Benennung neuer Apfelsorten niederschlug. Und so nimmt es denn auch nicht Wunder, dass der pomologisch interessierte Volksschullehrer Carl Hesselmann auf eine geniale Idee kam. Er hatte in Wtzhelden bei Solingen 1864 eine neue Apfelsorte, einen Zufallssämling, entdeckt. Die hatte große Ähnlichkeit mit der in Westfalen häufig vorkommenden Harberts Renette, auch war sie

der beliebten Goldrenette von Blenheim nicht unähnlich, also vielleicht eine zufällige Kreuzung aus diesen beiden Sorten. Eine neue Sorte also, die ihr Entdecker nun benennen durfte. Wäre der Volksschullehrer Hesselmann nun ein bodenständig bescheidenes Landkind gewesen, hätte er seine Neuentdeckung vielleicht Witzheldener Renette oder Hesselmanns Findling genannt. Der patriotische Lehrer aber hatte Höheres im Sinn und verfiel auf folgenden Einfall: im Jahr 1875 schickte er einige besonders prachtvolle Exemplare seines neuen Apfels an den Kaiser in Berlin, bat ihn untertänigst, diese zu probieren und schloss die Bitte an, diesen wahrhaft majestätischen Apfel nach Ihrer Majestät benennen zu dürfen. Der Kaiser nickte das Ansinnen huldvoll ab. Damit hatte Hesselmann einen Trumpf in der Hand, den einzigen von Ihro Majestät autorisierten Kaiser Wilhelm Apfel.

Was ist das nun für ein Apfel, dieser Kaiser Wilhelm? Nicht unbedingt „ein Tafelapfel erster Güte“ – aber Wilhelm I. war ja auch nicht unbedingt „ein Monarch erster Güte“, insofern ist die Benennung gar nicht so unpassend. Er ist fest, von gelbweißem Fleisch, saftig, leicht säuerlich und etwas würzig – manche halten ihn für einen richtig guten Essapfel, die meisten meinen jedoch, er sei mehr ein guter Back-, Mus- und Saftapfel. Er hält sich unter optimalen Umständen bis Februar/März. Auf dem Lager beginnt er meist erst auszufärben, dann leuchten seine goldroten Farben richtig.

Der Baum dieser Sorte ist einer der am stärksten wachsenden Apfelbäume überhaupt, noch stärker als seine Mutter, die Harberts Renette. Auf Streuobstwiesen sind sie gut aufgehoben mit den stattlich-prächtigen Kronen. Die Bäume sind gesund und vital, kommen erst recht spät in Ertrag und tragen oft nicht sicher und nicht viel.

Der Kaiser Wilhelm Apfel hat übrigens noch ein Feld, auf dem er es zu echtem Glanz bringt: die Obstbrennerei. Georg Schenk, der in seiner Dresdener Edelbrennerei „Augustus Rex“ über 20 verschiedene sortenreine Apfelbrände herstellt, zählt ihn neben der Champagner Renette und dem Schönen von Nordhausen zu seinen Lieblingsapfelsorten in der Brennerei. Wir fragten ihn: „Welche Eigenschaften muss ein Apfel haben, dass Sie ihn als richtig guten Brennapfel bezeichnen?“ Schenk: „Ein Apfel muss ein ausgewogenes Zucker-Säure-Verhältnis haben, um ein gutes Destillat zu ergeben. Hat ein Apfel viel Zucker und wenig Säure, dann schmeckt ein Destillat pappig, hat er viel Säure und wenig Zucker, dann schmeckt er scharf. Ein guter Brennapfel zeichnet sich durch einen ausgewogenen und runden Geschmack aus.“

Kuchen

Appeltaart von Kathrin Funke-Bergsstra

FÜR DEN TEIG
350 g Mehl
½ TL Backpulver
200 g Zucker
1 Ei Größe M
Salz
200 g weiche Butter

FÜR DEN BELAG
200 g Rosinen
Rum (oder heißes Wasser)
2–3 EL Zimt
50 g Zucker
1,5 kg Äpfel (Hilde), *schälen und in grobe Stücke schneiden*
Zitronensaft
1 Eigelb zum Bestreichen

Springform (24 cm Durchmesser)
Fett für die Form

Die Rosinen mit Rum (oder heißem Wasser) bedecken und darin einweichen, am besten über Nacht.

Mehl mit Backpulver mischen und auf die Arbeitsfläche sieben. 200 g Zucker, das Ei und Salz dazugeben. Die Butter in Stückchen daraufverteilen. Alle Zutaten rasch zu einem Teig verkneten. In Frischhaltefolie einschlagen und im Kühlschrank 1 Stunde kühl stellen.

Zimt und 50 g Zucker mischen. Die Apfelstücke mit Zitronensaft beträufeln und mit dem Zimtzucker vermischen. Den Backofen auf 180 °C (Umluft 160 °C) vorheizen. Zwei Drittel des Teiges auf einer bemehlten Arbeitsfläche ausrollen. Die Form einfetten, Teig hineinlegen und einen etwa 3 cm hohen Rand formen. Den Boden mit einer Gabel mehrmals einstechen.

Rumrosinen abtropfen lassen und mit den Apfelstücken abwechselnd in die Form einschichten. Mit einer Schicht Apfelstücke abschließen.

Den restlichen Teig ausrollen und in ca. 1 cm breite Streifen schneiden. Die Streifen gitterartig auf die Apfelfüllung legen und mit dem verquirlten Eigelb bestreichen. Den Kuchen ca. 60 Minuten backen. Wenn die Teigstreifen zu dunkel werden, den Kuchen mit Alufolie bedecken. Am besten noch lauwarm servieren. Dazu passt geschlagene Sahne.

Käsekuchen mit karamellisierten Äpfeln

FÜR DEN TEIG
240 g Mehl
100 g Zucker
Salz
120 g kalte Butter

FÜR DIE FÜLLUNG
2 Eier Größe M, *trennen*
Salz
80 g Zucker
250 g Quark
50 g saure Sahne
1 TL abgeriebene Schale einer unbehandelten Orange
1 EL Speisestärke

FÜR DEN BELAG
40 g Butter
60 g Zucker
100 ml Apfelsaft
600 g Äpfel (Herbstrenette), *schälen und in schmale Spalten schneiden*

Springform (26 cm Durchmesser)
Fett für die Form

Das Mehl auf die Arbeitsfläche sieben, Zucker und Salz dazugeben. Die Butter in Stückchen daraufverteilen. Alle Zutaten schnell zu einem Teig verkneten. Ist der Teig zu trocken, teelöffelweise kaltes Wasser zufügen. In Frischhaltefolie einschlagen und im Kühlschrank 1 Stunde kühlen.

Den Backofen auf 180 °C (Umluft 160 °C) vorheizen. Den gekühlten Teig auf der bemehlten Arbeitsfläche ausrollen. Die Form einfetten, mit dem Teig auslegen, dabei einen 2 cm hohen Rand formen. Den Boden mit einer Gabel mehrmals einstechen. Im heißen Backofen (Mitte) 10 Minuten vorbacken.

Die Eiweiße mit 1 Prise Salz und 40 g Zucker fast steif schlagen. Eigelbe und 40 g Zucker mit den Schlagbesen des Handrührgeräts ca. 4 Minuten cremig rühren. Quark, saure Sahne und Orangenschale unterrühren. Den Eischnee daraufgeben, die Speisestärke darüberstäuben und unterheben. Die Quarkcreme auf dem vorgebackenen Teig verteilen und weitere 20 Minuten backen.

Butter erhitzen und den Zucker darin unter Rühren karamellisieren lassen. Den Apfelsaft zugeben und verrühren. Die Apfelspalten hineinlegen und 3 bis 5 Minuten garen, auf dem gebackenen Kuchen verteilen und abkühlen lassen.

Westfälische Apfeltorte mit Pumpernickel

FÜR DEN TEIG
150 g Weizenvollkornmehl
1 Messerspitze Backpulver
1 Päckchen Vanille-Puddingpulver
60 g Zucker
1 Päckchen Vanillezucker
1 Ei Größe M
100 g kalte Butter

FÜR DEN BELAG
1 kg Äpfel (Hilde),
schälen und in Spalten schneiden
50 g Butter
3 EL Zucker
125 ml Weißwein

FÜR DEN GUSS
2 Eier Größe M, *trennen*
50 g Butter
30 g Zucker
2 Päckchen Vanillezucker
60 g geriebener Pumpernickel

Springform (26 cm Durchmesser)
Fett für die Form

Mehl mit Backpulver und Puddingpulver mischen, auf die Arbeitsfläche sieben. Zucker, Vanillezucker und Ei dazugeben. Die kalte Butter in kleinen Stückchen daraufverteilen. Alle Zutaten schnell zu einem Teig verkneten. In Frischhaltefolie einschlagen und im Kühlschrank 30 Minuten kühl stellen. Den Backofen auf 220 °C (Umluft 200 °C) vorheizen.

Die Apfelstücke in der Butter andünsten. Zucker einstreuen und Weißwein angießen. Zugedeckt 10 Minuten bei mittlerer Hitze dünsten. Vom Herd nehmen und abkühlen lassen.

Den gekühlten Teig auf der bemehlten Arbeitsfläche ausrollen. Die Form einfetten, Teig hineinlegen und einen etwa 3 cm hohen Rand formen. Den Boden mehrmals mit einer Gabel einstechen. Im heißen Backofen (Mitte) 10 Minuten vorbacken. Dann die Hitze auf 200 °C (Umluft 180 °C) reduzieren.

Eigelbe, Butter, Zucker und Vanillezucker mit den Schlagbesen des Handrührgeräts schaumig schlagen. Die Eiweiße zu steifem Schnee schlagen und mit den Pumpernickelbröseln unter die Eigelbmasse heben. Den Guss über den Äpfeln verteilen und 20 Minuten backen.
(Foto auf Seite 127)

Gefüllte Sirupmuffins mit Apfelsoße

FÜR DIE APFELSOSSE
100 g Butter
2–4 EL Zucker
7 kleine Äpfel (Jakob Lebel)
schälen und in Scheiben schneiden
1 Prise Salz
1 kleiner Apfel (Jakob Lebel)

FÜR DEN TEIG
125 g Butter
115 g brauner Zucker
4 EL Ahornsirup
1 Ei Größe L
250 g Mehl
1–2 TL Backpulver
½ TL gemahlener Zimt
150 ml Milch

12er Muffinsblech
Butter für die Form
Butter zum Servieren

Für die Apfelsoße die Butter mit dem Zucker erhitzen, den Zucker leicht karamellisieren lassen, Apfelscheiben und Salz zugeben und bei niedriger Temperatur ca. 6 bis 8 Minuten leise köcheln lassen, zur Seite stellen und abkühlen lassen.

Für den Teig die Butter mit Zucker und Sirup cremig schlagen und das Ei zugeben, so lange weiter schlagen bis die Masse schaumig ist. Mehl, Backpulver und Gewürze unterrühren, Milch zugeben, unterrühren. Wenn der Teig zu fest ist noch einige EL von der Apfelsoße zugeben. Den Ofen auf 190 °C (Umluft 170 °C) vorheizen.

Den übrigen Apfel mit einem Ausstecher entkernen und in 12 dünne Scheiben schneiden. Die Muffinsform gut einfetten, den Teig bis auf 12 TL auf die Vertiefungen verteilen. Jeweils in die Mitte der Muffins eine Vertiefung drücken und sofort einen abgetropften TL der Soße hineinfüllen. Darauf je 1 TL des restlichen Teigs geben und eine Apfelscheibe auf die Muffins legen. Nach 25 bis 35 Minuten Backzeit eine Garprobe machen, die Muffins noch ca. 5 bis 10 Minuten im Ofen ruhen lassen, dann vorsichtig aus der Form lösen. Auskühlen lassen und mit Butter und Apfelsoße servieren. *(Foto auf dem Umschlag vorne)*

Vanille-Quark-Torte mit Apfel

FÜR DEN TEIG
200 g Mehl
Salz
½ TL Backpulver
2 EL Zucker
1 Eigelb Größe M
125 g Butter

FÜR DEN BELAG
700 g Äpfel (Jakob Lebel), *schälen und in Scheiben schneiden*
2 EL Zitronensaft
60 g Rosinen
3 EL Rum
2 Eier Größe M, *trennen*
80 g Zucker
350 g Magerquark
1 Päckchen Vanille-Puddingpulver
125 g Crème Fraîche

Springform (28 cm Durchmesser)
Fett für die Form

Mehl mit Salz, Backpulver, Zucker, Eigelb und klein geschnittener Butter zu einem Teig verkneten. In Folie einwickeln und 1 Stunde im Kühlschrank ruhen lassen.

Den Ofen auf 200 °C (Umluft 180 °C) vorheizen, die Form mit Butter einfetten. Den Teig gleichmäßig auf dem Formboden verteilen und 10 Minuten backen.

Die Apfelscheiben mit dem Zitronensaft beträufeln. Die Rosinen mit Rum begießen. Eiweiß steif schlagen. Eigelb, Zucker, Quark, Puddingpulver und Crème Fraîche vermengen. Das Eiweiß unterheben. Die Creme auf den Teig gießen, Äpfel und Rosinen gleichmäßig darauflegen und den Kuchen 35 Minuten backen.

Apfel-Schoko-Kuchen

200 g Butter
150 g Zucker
1 Päckchen Vanillezucker
4 Eier Größe M
150 g Mehl
1 TL Backpulver
100 g Mandelsplitter
100 g Schokoraspeln
500 g Äpfel (Jakob Lebel), *fein würfeln*

Kastenform (30 cm Länge)
Fett für die Form

Den Backofen auf 160 °C (Umluft 140 °C) vorheizen. Die Backform einfetten. Butter, Zucker und Vanillezucker mit den Schlagbesen des Handrührgeräts 5 Minuten schaumig schlagen. Die Eier nach und nach zugeben. Mehl und Backpulver mischen und esslöffelweise unter die Teigmasse rühren. Mandeln, Schokoraspeln und Apfelwürfel unterheben. Den Teig in die gefettete Form füllen, glatt streichen. Im vorgeheizten Backofen (Mitte) 50 bis 60 Minuten backen. *(Foto rechts)*

Apfelkuchen mit Vanilleguss

von Uwe Borrosch

FÜR DEN TEIG
300 g Mehl
1 TL Backpulver
1 Ei Größe M
100 g Puderzucker
Salz
abgeriebene Schale von
1 unbehandelten Zitrone
200 g Butter

FÜR DEN BELAG
8 kleine Äpfel à ca. 140 g
(Holsteiner Cox oder Boskoop)
200 g Marzipan
eventuell Rumrosinen, Haselnüsse
oder Pistazien, *grob hacken*

FÜR DEN GUSS
1 Vanilleschote
2 Päckchen Vanille-Puddingpulver
1 Eigelb
1 l Sahne zum Kochen
100 g Zucker

Springform (26 cm Durchmesser)
Fett für die Form

Mehl und Backpulver mischen, auf die Arbeitsfläche sieben. Ei, Puderzucker, Salz und Zitronenschale dazugeben. Die Butter in kleinen Stückchen daraufverteilen. Alle Zutaten rasch zu einem Teig verkneten. In Frischhaltefolie einschlagen und im Kühlschrank 1 Stunde kühl stellen.

Äpfel schälen und die Kerngehäuse großzügig mit einem Apfelausstecher entfernen. Die Äpfel mit der Marzipanmasse füllen. Nach Belieben Rumrosinen oder Nüsse dazugeben. Den Backofen auf 160 °C (Umluft 140 °C) vorheizen.

Die Vanilleschote der Länge nach halbieren und das Mark herauskratzen. Puddingpulver und Eigelb mit 3 bis 4 EL Sahne verrühren. Die restliche Sahne mit Vanillemark und Zucker zum Kochen bringen. Die Pudding-Eigelb-Mischung unter Rühren zur kochenden Sahne geben und bei kleiner Hitze 5 Minuten kochen. Vom Herd nehmen und etwas abkühlen lassen.

Den gekühlten Teig auf einer bemehlten Arbeitsfläche ausrollen. Die Form einfetten, Teig hineinlegen und einen etwa 3 cm hohen Rand formen. Den Boden mehrmals mit einer Gabel einstechen. Die gefüllten Äpfel dicht nebeneinander daraufstellen. Die Vanille-Sahne-Mischung über die Äpfel gießen. Den Kuchen auf der 2. Einschubleiste von unten 1 Stunde backen.

Der Kuchen sollte nach 45 Minuten gut gebräunt sein. Ist er zu hell die Temperatur um 10 °C erhöhen, ist er zu dunkel die Temperatur um 10 °C reduzieren. Weitere 15 Minuten backen. Herausnehmen und auskühlen lassen, am besten über Nacht im Kühlschrank kühl stellen. Vor dem Servieren mit Puderzucker und Zimt bestäuben.

Diesen Kuchen pur oder mit geschlagener Sahne servieren. Gut schmeckt auch, wenn man ihn mit Calvados oder Brandy beträufelt.

Dieses Rezept bekam ich von unserem Kunden Dr. Uwe Borrosch, es ist sein Lieblingsapfelkuchen.

Gedeckter Apfelkuchen vom Jakob Lebel

Für den Teig
500 g Mehl
1 TL Backpulver
140 g Zucker
2 Eier Größe M
250 g Butter

Für den Belag
1 kg Äpfel (Jakob Lebel), *schälen und würfeln*
1 TL Vanillezucker
100 ml Apfelsaft
20 ml (2 cl) Cognac

Für den Guss
100 g Puderzucker
2 EL Apfelsaft zum Bestreichen

Spring- oder Tarteform (26 cm Durchmesser)
Fett für die Form

Mehl mit Backpulver mischen, auf die Arbeitsfläche sieben. Zucker und Eier dazugeben. Die kalte Butter in kleinen Stücken daraufverteilen. Alle Zutaten rasch zu einem Teig verkneten. In Frischhaltefolie einschlagen und im Kühlschrank etwa 1 Stunde kühlen.

Apfelwürfel mit Vanillezucker mischen. 100 ml Apfelsaft und den Cognac in einem Topf erhitzen. Die Apfelwürfel darin andünsten. Den Backofen auf 180 °C (Umluft 160 °C) vorheizen.

Zwei Drittel des gekühlten Teiges auf einer bemehlter Arbeitsfläche ausrollen. Die Form einfetten, Teig hineinlegen und einen etwa 3 cm hohen Rand formen. Den Boden mehrmals mit einer Gabel einstechen. Die Apfelmasse daraufverteilen.

Den übrigen Teig dünn ausrollen, die Apfelmasse damit bedecken und den Rand leicht andrücken, 20 bis 25 Minuten goldbraun backen.

Puderzucker mit Apfelsaft verrühren und den warmen Kuchen damit bestreichen.

Dieses Rezept überließen uns unsere Freunde vom BUND Lemgo.
Der „Gedeckte Apfelkuchen vom Jakob Lebel“ war ihr Renner im Programm „Omas duftender Apfelkuchen“ (siehe Seite 98/99). Das Rezept stammt von Frau Bergmann.

Rote Sternrenette.

Klarapfel – „... jeder einzelne Apfel hat eine Stunde, da ist er in seinem Optimum ...“

Synonyme: Weißer Klarapfel, Augustapfel (D), Naliwnoje heloje (Russland), Oogstappel (Belgien), White Transparent (Großbritannien), Grand Sultan (Frankreich)

Wenn ich nach der Sommerpause Ende Juli zum ersten Mal zum Apfelernten in unseren Obsthof fahren, gehe ich als erstes in den ältesten, 1935 angepflanzten Teil der Plantage, dorthin, wo die mächtigen alten Boskoop mit ihren oft bis zu 12 Meter breit ausladenden Kronen stehen. Nein, die Boskoop sind natürlich noch nicht reif Ende Juli, wohl aber die noch verbliebenen einzelnen Kläräpfel zwischen ihnen.

Viele sind nicht mehr da und das ist auch gut so, denn selbst die Früchte der noch verbliebenen zwölf alten Bäume kann ich mitten im Hochsommer längst nicht alle an den Mann bringen. Während die Boskoop als Hauptsorte dieses Stückes sich prächtig und stattlich ausbreiten durften, wirken die vom Habitus her viel schmaleren Kläräpfel oft wie dazwischen geklemmt. Manche waren auch schon 1984, als ich die Bewirtschaftung dieses Hofes übernahm, komplett geköpft, dann aber trotzdem schmal und schmächtig wieder ausgeschlagen.

Es ist klar: der Anpflanzer dieses Obsthofes hatte dem Klarapfel nur die Position der zweiten Geige zugedacht, weit weniger wichtig als der dominante Boskoop. Aber dennoch unverzichtbar. Die wichtigste Aufgabe des Klarapfels war offensichtlich, die benachbarten Boskoop zu bestäuben. Der Klarapfel ist ein guter Pollenspender und blüht parallel zum Boskoop mit seinen unfruchtbaren triploiden Pollen, der einen solchen Nachbarn zu einer guten Ernte dringend nötig hat. Die Blüte des Klarapfels ist ziemlich früh (und dadurch spätfrostgefährdet wie die des Boskoop auch). Nach knapp drei Monaten ist der Klarapfel schon mit seinen Früchten präsent, während der Boskoop 10 Wochen länger nötig hat. Woher kommt das? Der zu Beginn des 19. Jahrhunderts entstandene Klarapfel kommt aus dem Baltikum – da dauert der Winter lange und der kurze Sommer ist schnell vorbei. Für den Apfel dort heißt es sich zu beeilen, um in dieser kurzen Vegetationsperiode fertig, d. h. reif zu werden.

„Ohne Zweifel gehört der weiße Klarapfel zu den wertvollsten Frühsorten. Manche der älteren Frühsorten wie Astrachan, Virginischer Rosenapfel, Pfirsichroter Sommerapfel und andere sind von ihm verdrängt worden. Er ist eine vorzügliche Handelssorte, die zum allgemeinen,

größten Anbau berechtigt ist...", heißt es in „Deutschlands Obstsorten" von vor 100 Jahren. Wie sich doch die Zeiten geändert haben! Heute pflücken meine Obstbauern-Kollegen in der Regel ihre Kläräpfel – wenn sie denn überhaupt noch welche haben – gar nicht mehr, sondern lassen sie einfach auf dem Baum, bis sie schließlich runterfallen und verderben.

Aber auch heute lohnt es sich noch, sich diese Frucht einmal genauer anzuschauen. Sie macht es einem nicht ganz leicht. Am schwierigsten ist die Wahl des richtigen Erntezeitpunkts. Der Apfel muss gerade beginnen, vom Grünlichen ins Gelbliche umzufärben. Pflückt man ihn zu früh, ist er noch grasig sauer, kommt man zu spät, ist er schon mehlig. Dazwischen liegen 8 bis 10 Tage, an dem alle Früchte vom Baum müssen, nicht alle auf einmal, sondern nacheinander, je nach Reife. „Jeder einzelne Klarapfel", sagte einmal ein englischer Pomologe, „hat eine Stunde, da ist er in seinem Optimum. Da muss man ihn frisch vom Baum weg essen, dann ist er göttlich..." Und wirklich: trifft man den richtigen Zeitpunkt, dann ist dieser Apfel nicht nur sauer, sondern mit einem feinen süßwürzigen Aroma gesegnet, das köstlich ist.

Dazu ist er auch ein vorzüglicher Küchenapfel. Er liefert ein feines, sämiges, mildes Apfelmus, das seinesgleichen sucht, und er ist auch ein sehr guter Backapfel. Saft sollte man lieber nicht aus ihm machen wollen – der ist ziemlich wässerig und sauer. Dennoch gelingt es der Dresdener Brennerei „Augustus Rex", einen hervorragenden sortenreinen Obstbrand aus dem Rohstoff zu machen.
Der Klarapfel kann auch wunderbar duften. Und selbst sein Aussehen muss nicht immer nur eindeutig transparent weißlich-gelb sein. Exponierten Sonnenfrüchten gelingt es manchmal, sich mit einem Hauch eines zarten Rosas zu zieren, als sei der Apfel leicht schamhaft errötet wie die Wange eines hellhäutigen blonden Mädchens.

Prinz Albrecht von Preußen und der Kriwitzer Lachapfel

Der Apfel Prinz Albrecht von Preußen wurde um 1865 vom Hofgärtner Braun im schlesischen Kamenz aus Samen der Sorte Kaiser Alexander gezogen. Herbert Petzold („Apfelsorten“, Melsungen 1978) beschreibt die in der DDR seinerzeit „Albrechtsapfel“ genannte Sorte so: „mittel bis groß, 60 bis 85 mm breit, 55 bis 83 mm hoch, 80 bis 200 g schwer, breitkugelig, Kelch und stielwärts abgeplattet, rundlich, ebenmäßig, wie gedrechselt; Kelchgrube weit, tief, fast schüsselförmig mit schwachen Falten; Kelch offen, Blätter kurz, breit, getrennt, wie eine Krone: Stielgrube tief, meist eben, hell silbrig, grüngrau, schuppig und strahlig berostet; Stiel variierend 10 bis 30 mm lang, 2 bis 3 mm dick, holzig, hellbraun. Schale glatt, ledrig, Grundfarbe von weißlichgelb bis hell grünlichgelb variierend, ebenfalls die Deckfarbe von hellkarmin bis tief trübrot und völlig rot, flächig und dichtgestreift; fein duftend. Fleisch grünlichweiß, sehr locker, feinzellig, saftig, erfrischend mild süßsäuerlich, schwach, aber typisch aromatisch.“

Eine robuste Sorte mit nur geringen Ansprüchen an Boden und Klima, auch in kühlen, rauen Lagen einsetzbar, frosthart in Blüte und Holz, unempfindlich für Krankheiten, früh einsetzende hohe Erträge.

Benannt wurde die Sorte nach einem jüngeren Bruder von Kaiser Wilhelm I. Seine Genussreife hat dieser Apfel Ende September bis Ende November, er ist also nicht lange lagerbar. In höheren Lagen angebaut, hält er sich auch bis in den Januar hinein. Er ist ein ansprechend schöner Tafelapfel mit guten Qualitäten in allen Verwendungen in der Küche; besonders geeignet als Zutat zu Fleischgerichten, beim Braten mit Fleisch im Backofen z. B. zerfällt er in der Soße und gibt ihr eine angenehme süß-fruchtige Note mit leichter pikanter Säure im Hintergrund.

Die ersten Äpfel dieser Sorte erhielt ich vor etwa 15 Jahren über unsere damalige Hamburger Bio-Genossenschaft. An der Apfelkiste stand allerdings nicht „Prinz Albrecht von Preußen" sondern „Kriwitzer Lachapfel", Erzeuger: der Demeterhof meines Kollegen Günter Lühmann im hannoverschen Wendland im äußersten Ostzipfel von Niedersachsen. Ich fragte Lühmann, ob das denn nicht der Prinz Abrecht von Preußen sei. Nein, das sei eine Lokalsorte aus dem Wendland, benannt nach seinem Heimatdorf Kriwitz und dem Bauern Ernst Lach, der diese Sorte dort zuerst aufgefunden habe.

Da die Ähnlichkeit der beiden Sorten aber doch nicht zu leugnen war, ging Lühmann der Sache nach. Besuche bei Apfeltagen des Pomologen-Vereins führten meistens zu großen Diskussionen zwischen den Sortenbestimmern, die sich nicht einig waren, ob die beiden Sorten identisch seien oder nicht. Lühmann sagt, dass seine Kriwitzer immer intensiver in Ausfärbung, Geschmack und Geruch und auch größer gewesen seien als alle Albrechtsäpfel, die ihm je unterkamen. Wilfried Müller, der große Pomologe aus Sachsen, meinte schließlich, dass der Albrechtsapfel sehr stark auf den Standort und die Boden- und Klimaverhältnisse dort reagiere und dadurch sehr unterschiedlich ausfallen könne.

Um endgültig Klarheit in dieser Frage zu bekommen, ist Lühmann auf eine altbewährte Testmethode gekommen, die auch schon die Pomologen im 19. Jahrhundert benutzten: er hat Reiser der beiden Sorten bei sich auf einem Baum veredelt und wartet auf die ersten Früchte. Im Herbst 2010 wird sich zeigen, ob die Früchte identisch sind. Alle störenden Faktoren sind ausgeschaltet, beide Sorten wachsen unter den gleichen Bedingungen.

Der große hannoversche Pomologe Oberdieck hat diese Methode im 19. Jahrhundert im großen Stil eingesetzt. Immer wieder wurden ihm Sorten mit gleichem Namen angetragen, die er für nicht identisch hielt oder er stieß auf Sorten mit unterschiedlichen Namen, die er für gleich hielt. Diese „Problemsorten" wurden in seinem Pastorengarten, wo er ja auch nicht über unbegrenzten Platz verfügte, auf große Sortenbäume veredelt. Im Extremfall brachte er es bis auf 300 Sorten auf einen einzigen Baum. Ich bewundere den alten Meister Oberdieck sehr. Ich habe im letzten Jahr zwei Sortenbäume mit 20 Sorten veredelt und habe schon erhebliche Schwierigkeiten, den Überblick zu behalten. In meinen Aufzeichnungen habe ich notiert, in welcher Ast-Etage ich welche Sorte auf einen Ast in welcher Himmelsrichtung veredelt habe. Nach einem Jahr schon stehe ich manchmal ratlos vor den Bäumen: ist dies hier die dritte oder die vierte Etage? Ist das hier nun Nordnordost oder Ostnordost? Ich sehe schon, ich werde mir noch einen Kompass zulegen müssen …

Rote Sternrenette – Weihnachtsapfel und Äppelwoi-Star

„Für Obstliebhaber gibt es kaum einen schöneren Anblick als Fruchtkörbe, die mit der roten Sternrenette gefüllt sind. Das leuchtende Rot, gemildert durch den zarten Hauch der Deckfarbe und unterbrochen von den deutlich sich abhebenden, hellgrauen Sternchen wirkt so bezaubernd, daß man sich an diesem Anblick nicht satt sehen kann. Nichts ziert die rheinischen Obstmärkte mehr als die Fülle der dortigen Sternrenetten. Der Preis für die Frucht ist infolge ihres schönen Aussehens verhältnismäßig hoch, höher als er dem innern Wert nach sein dürfte. Der Geschmack ist nur für den nicht verwöhnten Gaumen befriedigend, es fehlt die Frische, namentlich, wenn die Früchte längere Zeit gelagert haben. Aber zu Weihnachten bildet der Apfel eine Tafelzierde ersten Ranges". (Deutschlands Obstsorten).

In Belgien breitete man früher die Sternrenetten bei Vollmond auf Stroh unter den schon kahl werdenden Bäumen aus und wendete sie mehrmals, dass der Mond sie von allen Seiten bescheinen konnte. Der Mond erst machte die Früchte vollkommen rot.

Die Rote Sternrenette ist eine Schaufrucht der besonderen Art, reift sie doch just zu einer Zeit, in der man Dekoratives besonders zu schätzen weiß, zu Weihnachten. Die Rote Sternrenette ist der Weihnachtsapfel des deutschen Westens und der angrenzenden Gebiete Belgiens und der Niederlande. Er scheint schon vor 1830 in Lüttich entstanden zu sein. Dort entdeckte ihn der Kölner Kaufmann Meuser, daher auch das Synonym Meusers Rote Herbstrenette. Der Vikar Schuhnacher aus Ramrath bei Jülich verbreitete ihn im Raum Köln und Aachen. Heute findet man ihn vom mittleren Rhein bis zum Niederrhein, im Münsterland, in Ostfriesland, in den östlichen Niederlanden (Sterappel) und im östlichen Belgien.

Die Sternrenette macht gesunde kräftige Bäume, was sie für extensiven Streuobstbau tauglich macht. Bevorzugt werden einigermaßen feuchte Böden, auf zu trockenen sandigen Standorten versagt sie. Der Ertrag setzt meist erst spät ein und ist – außer an einigen Standorten am Rhein – oft nur mäßig, die Früchte neigen zu vorzeitigem Fallen.

Eine sehr spezielle Sorte. Nur ein gemeiner Blender? „Nein“, sagt Andreas Schneider, „das ist eine meiner Lieblingssorten“. Andreas Schneider betreibt den „Obsthof am Steinberg“ bei Frankfurt in einer der Apfelwein-Hochburgen Deutschlands. Apfelwein ist dort ein Alltagsgetränk, jeder Obstwiesen-Besitzer stellt sein eigenes Hausgetränk nach traditionellem Familienrezept her, „Äppelwoi“ gibt es in jeder Kneipe, er hat ein bisschen das Image eines „Weins für Arme“. Seitdem vor gut 200 Jahren das Klima in der Region kühler wurde und der Traubenwein dort immer saurer und ungenießbarer wurde, gingen die Frankfurter auf Apfelanbau und Apfelweinherstellung über.

Als waschechter Norddeutscher bin ich eigentlich kein rechter Fan von Apfelweinen. Meist sind sie mir zu herb und sauer. Dann kam mir der Rote Sternrenetten-Wein von Schneider in die Quere. „Wenn Apfelwein so toll schmecken kann, dann will ich mich doch noch mal intensiver mit diesem Thema befassen“, dachte ich. Andreas Schneider betreibt biologischen Obstbau mit großer Ernsthaftigkeit im Bemühen um Einklang mit der Natur und Apfelwinzerei mit der Passion eines echten Liebhabers und Feinschmeckers. „Nur vollreife Früchte, selektiv von Hand zur rechten Zeit gesammelt, sind Garant für Frucht und Würze. Kühle Gärung, sorgsamer Ausbau und stetige Weinpflege lassen daraus charaktervolle, fruchtbetonte Apfelweine entstehen. Jede Apfelsorte hat ihre ganz besonderen Qualitäten hinsichtlich der Verarbeitung“, sagt Andreas Schneider. „Es kommt auf den Kelterer an, in die Frucht hinein zu schmecken, zu hören, zu fühlen, um das Optimum heraus zu kitzeln“. Als seine Lieblingssorten zur Apfelweinherstellung nennt Schneider Goldparmäne, Boskoop, Rote Sternrenette und Ananasrenette.

„Es gibt wohl kaum eine andere Sorte, die jedes Jahr so glänzende Früchte mit so kräftigem Aroma hervorbringt“, sagt Schneider. „Die ganzen neuen Sorten, auch wenn sie noch so ehrgeizig auf „fruchtige Aromen“ gezüchtet sind, verblassen neben ihr ... Zwischen depressiv und himmelhoch jauchzend gibt es keine kompromisslosere und ehrlichere Apfelsorte als diese!“

Roter Eiserapfel – ein ganz alter Krieger

Synonyme: Roter Krieger (Holstein, Altes Land), Paradiesapfel und Bamberger (Hannover, Westfalen, Rheinland), Mahrenholz (Ostfriesland), Herzapfel (Nassau), Klosterapfel (Altenburg), Mohrenapfel, Mohrenstettiner, Mohrenborsdorfer (Thüringen, Sachsen-Anhalt), Christapfel (Eichsfeld), Drei Jahre dauernder Streifling (Württemberg), Kohlapfel, Roter Winterkalvill, Nägelesapfel, Eisapfel (Baden), Schornsteinfeger

Der rote Eiserapfel ist eine sehr alte Apfelsorte. Das zeigt sich allein schon an der stattlichen Anzahl von Synonymen, die er im Laufe seines langen Lebens bekommen hat. Was ist das für ein Apfel, der vier Jahrhunderte überleben konnte?

Der Baum ist robust, vital, langlebig, wächst auf den unterschiedlichsten Böden, wo es nur nicht gar zu trocken sein darf. Er baut als Hochstamm schöne (flach)kugelige Baumkronen auf, worauf er sich in den ersten zehn Jahren seines Lebens konzentrieren kann, weil er für gewöhnlich in dieser Zeit noch nicht mit dem Fruchten beginnt. Die dann allmählich erscheinenden Früchte sind mittelgroß bis groß, rund bis leicht kegelförmig, glattschalig und meist rundum von einer dunkelroten Deckfarbe überzogen, worin manchmal rote Streifen zu erkennen sind. Das Fruchtfleisch ist sehr fest, fein und wenig saftig, wenig aromatisch, leicht süß; genussreif von Januar bis Sommer. Er ist ein typischer Wirtschaftsapfel, gerühmt werden seine Qualitäten als Back- und Kelterapfel.

Als Essapfel habe ich den Roten Eiserapfel immer als ziemlich langweilig empfunden. Doch melden sich ab und zu Kollegen, die behaupten, er sei in den letzten Jahren eindeutig süßer und auch aromatischer geworden. Kann das sein? Ich denke es kann. Der Klimawandel bringt vieles in Bewegung. Die Veränderungen sind ja eindeutig messbar und nicht mehr zu leugnen. So hat eine Studie der Landwirtschaftskammer Hannover in Zusammenarbeit mit der Obstbauversuchsanstalt Jork mit dem Titel „Klimawandel und Obstbau an der Niederelbe" gezeigt, dass die Tatsache, dass es im Zeitraum von vier Jahrzehnten um 1,7 Grad wärmer geworden ist, schon deutliche Auswirkungen auf den Obstbau hat. Neben dem vermehrten Auftreten von Schädlingen, die bisher nur in wärmeren Gefilden ihr Unwesen trieben, hat sich der ganze Ablauf des Obstjahres pro Jahrzehnt um 4 bis 5 Tage nach vorne verschoben: Blüte und Erntereife geschehen früher. Das hat natürlich Auswirkungen auf die Qualität der Früchte. Sie erfahren andere Temperaturen während der Reife und lagern eventuell bei veränderten Wetterbedingungen andere Inhaltsstoffe ein, werden süßer oder weniger fest, aromatischer oder schneller mehlig.

Einigen Sorten, die kühles Seeklima schätzten, passt die Erwärmung gar nicht. So werden zum Beispiel die Sorten der Cox-Familie, die ja aus dem Nordseeraum stammt, im Bodenseegebiet schon aus dem Programm genommen. Dafür beginnt man jetzt in Norddeutschland, den Wärme liebenden australischen Braeburn anzubauen – was ich persönlich für keinen großen Gewinn halte. Da ist es schon eher ein Gewinn, dass die Goldparmäne jetzt auch an der Niederelbe zu schmecken beginnt. Vor 40 Jahren warnten die Anbauexperten die Altländer Obstbauern noch vor dem Anpflanzen dieser Sorte, es sei für sie an der Niederelbe einfach nicht warm genug. Damals hatten sie Recht: die ersten Goldparmänen, die ich seinerzeit im Alten Land zu Gesicht bekam, waren kleine harte grüne Marmeln, die einfach nur sauer waren und sonst nichts.

Was für Auswirkungen das sich wandelnde Klima haben wird, ist im Einzelnen noch gar nicht absehbar. Im Jahr 2050 werden wir an der Niederelbe das jetzige Klima der Südpfalz haben, prognostiziert eine Studie der Landwirtschaftskammer. Und die Südpfalz? Bekommt die dann das Klima Südfrankreichs? Werden wir dann unsere Kühle liebenden Apfelsorten nach Südschweden ins Exil schicken? Und müssen wir dann das Sortiment des „Arbeitskreises Historische Obstsorten der Pfalz“ bei uns unterbringen? Genetische Vielfalt könnte man so retten, die alten Obstsorten als kulturgeschichtliches Erbe einer Region wären natürlich viele Hundert Kilometer vom Ort ihres Ursprungs nicht optimal aufgehoben. Trotzdem muss erhalten werden, was zu erhalten ist. In den alten Sorten schlummern so viele genetische Schätze, die wir gerade in Zeiten des Wandels nicht einfach untergehen lassen dürfen. Es könnte sein, dass wir sie unter den veränderten Bedingungen der Zukunft nötig haben werden, und sei es nur als Ausgangsmaterial zur Züchtung neuer Sorten in einer veränderten Umwelt.

Empfehlenswerte alte Apfelsorten

Sorte	Verwendung	Genussreife
Ausbacher Roter	W (Most, Backen)	Nov. bis März
Borsdorfer	W (Kochen, Backen)	Nov. bis März
Boskoop	T, W (Backen, Mosten, Brennen, Kochen)	Nov. bis März
Celler oder Krügers Dickstiel	T, W (Kochen, Saften)	Okt. bis Dez.
Cox Orange	T(!), W (Backen, Kochen, Saften)	Sept. bis Dez.
Finkenwerder Herbstprinz	T, W (Backen, Kochen, Saften, Mus)	Okt. bis Jan.
Freiherr von Berlepsch	T (!), W (Backen, Kochen, Dörren)	Dez. bis März
Gelber Richard	T, W (Backen, Mus, Kochen)	Okt. bis Nov.
Gewürzluiken	W (Mosten, Backen, Kochen)	Okt. bis Dez.
Goldparmäne	T (!), W (Backen, Dörren, Brennen)	Okt. bis Dez.
Grahams Jubiläumsapfel	auch T, besser W (Mus, Backen, Dörren)	Sept. bis Okt.
Gravensteiner	T (!), W (Backen, Kochen)	Sept. bis Okt.
Graue Renetten	T, W (Backen, Dörren, Kochen)	Okt. bis Feb., je nach Sorte
Herzog von Cumberland	W (Backen, Kochen)	Sept. bis Nov.
Holsteiner Cox	T, W (Kochen, Backen)	Sept. bis Nov.
Horneburger Pfannkuchen	W (Backen, Mus)	Nov. bis Feb.
Jakob Lebel	W (Backen, Saften, Kochen, Dörren), eingeschränkt T	Sept. bis Nov.
Kaiser Wilhelm	auch T, besser W (Mosten, Backen, Kochen, Brennen)	Nov. bis Feb.
Klarapfel	T, W (Mus!)	Juli bis Aug.
Ontario	T, M (Backen, Dörren, Mus)	Dez. bis April
Prinz Albrecht von Preußen	T, W (Kochen, Mus)	Okt. bis Dez.
Roter Eiserapfel	W (Backen, Dörren)	Jan. bis April
Stina Lohmann	T, W (Backen, Dörren, Mus, Saften)	Jan. bis April

W = Wirtschaftsapfel, T = Tafelapfel, M = Mostapfel

(Auswahl/Übersicht)

Konsistenz	Geschmack
recht fest	leicht säuerlich, gut in der Verarbeitung
recht fest	als Tafelapfel wenig Aroma, hervorragend im Kochtopf
recht fest	säuerlich mit viel Zucker „in der Hinterhand“
etwas mürbe	süßsäuerlich mit schönem eigenen Aroma
recht fest	süß, hervorragendes, unverwechselbares Aroma
fest, etwas trocken	leicht säuerlich, herzhaft würzig
recht fest	sehr schönes Aroma, das in Verarbeitung erhalten bleibt
etwas mürbe	sehr schönes mildsüßes Aroma
leicht mürbe	hervorragend in der Verarbeitung
etwas mürbe	hervorragendes leicht nussiges Aroma
recht fest	säuerlich, saftig
fest, sehr saftig	wunderbares Aroma, der leckerste Frühherbstapfel
fest bis leicht mürbe	würzig, säuerlich
fest	mildsäuerlich, roh wenig Aroma, sehr gut in der Verarbeitung
fest	süßsäuerlich, sehr aromatisch
fest	großer säuerlicher Wirtschaftsapfel
etwas mürbe	leicht säuerlich, roh wenig Aroma, sehr gut in der Verarbeitung
fest	süßsäuerlich, guter Wirtschaftsapfel
fest	sauer, sehr kurze Zeit guter Tafelapfel, schnell mehlig
recht fest	fruchtig, leicht säuerlich
leicht mürbe	saftig, mit fein würzigem Aroma
fest	lang lagerbarer Wirtschaftsapfel
fest	würzig, süßsauer, einer der besten Winteräpfel

Alphabetisches Rezeptverzeichnis

Alphabetisches Apfelverzeichnis siehe Seite 9

Wenn Sie mehr über uns und unser Boomgarden-Projekt erfahren möchten,
können Sie gerne Kontakt mit uns aufnehmen:

Boomgarden-Verein
Eckart Brandt/Judith Bernhard • Im Moor 1 • 21712 Großenwörden
Telefon 04775/538
eckart-brandt@web.de • www.boomgarden.de

Mix
Produktgruppe aus vorbildlich bewirtschafteten Wäldern und anderen kontrollierten Herkünften
www.fsc.org Zert.-Nr. SGS-COC-001425
© 1996 Forest Stewardship Council

FSC

Verlagsgruppe Random House FSC-DEU-0100
Das für diesen Titel verwendete FSC-zertifizierte Papier *Profisilk* wurde produziert von Sappi Alfeld.

ISBN 978-3-8094-8026-6

© 2010 by Bassermann Verlag, einem Unternehmen der Verlagsgruppe Random House GmbH, 81673 München

Die Verwertung der Texte und Bilder, auch auszugsweise, ist ohne Zustimmung des Verlags urheberrechtswidrig und strafbar. Dies gilt auch für Vervielfältigungen, Übersetzungen, Mikroverfilmung und für die Verarbeitung mit elektronischen Systemen.

Umschlaggestaltung: Atelier Versen, Bad Aibling
Layout: aSH agentur Sandra Haberkorn, Mundelsheim
Redaktion: Jacqueline Böttcher, München
Herstellung: Elke Cramer
Projektleitung: Anja Halveland
Bildredaktion: Elisabeth Franz
Rezeptfotos: Karl Newedel, München
Weitere Fotos im Innenteil: Dennis Williamson, Buxtehude: Seite 2, 7, 10, 42, 81, 82, 94, 97, 102
Alle Fotos wurden auf dem Apfelhof von Eckart Brandt und Judith Bernhard aufgenommen.
Farbtafeln in Chromolithographie: aus Müller-Diemitz, Blißmann-Gotha u. a., Deutschlands Obstsorten, Stuttgart 1905–1934: Seite 33–41, 73–79, 93, 98–100, 115–117, 120–123
Farbtafel Seite 118: aus der Zeitschrift „Nach der Arbeit. Illustrierte Wochenzeitung für Garten, Siedlung und Kleintierhaltung", Wien ca. 1930–1940. Nachdruck mit Genehmigung von W. Hennebrüder, BUND Lemgo
Autorenfoto: Ute Rabels, Hamburg: Seite 9
Die Ratschläge in diesem Buch sind von den Autoren und vom Verlag sorgfältig erwogen und geprüft, dennoch kann eine Garantie nicht übernommen werden. Eine Haftung der Autoren bzw. des Verlags und seiner Beauftragten für Personen-, Sach- und Vermögensschäden ist ausgeschlossen.

Satz: aSH agentur Sandra Haberkorn, Mundelsheim
Reproduktion: Artilitho snc, Lavis (Trento)
Druck und Verarbeitung: Mohn media Mohndruck GmbH, Gütersloh
Printed in Germany

817 2635 4453 6271